[자치통감 명언집]

촌 철 활 인

성공으로 가는 딱 한마디

[자치통감 명언집]

촌 철 활 인

성공으로 가는 딱 한마디

권중달 지음

들어가는 말

《자치통감》을 흔히 정치 교과서라고 부른다. 그래서인지 이 책은 직접 정치에 나서 대통령이 되거나 또는 정치인이 되기 위한 크고 작은 선거에 출마하는 사람에게만 추천되는 필독도서로 잘못 이해되는 경우가 많다.

그러나 따지고 보면 정치란 나라를 다스리는 일에만 국한되는 것이 아니라 인간의 생활 자체에 해당하는 일이다. 왜냐하면 정치란 갈등을 조정하며 올바르게 질서를 잡아 다스리는 일이기 때문인데, 실제로 우리가 생활 속에서 갈등을 조정하고 다스려야 할 것들은 아주 많다.

우선 자기 한 몸을 다스려야 하고, 나아가 가정과 집안을 다스려야 하며, 자신이 몸담고 있는 직장과 사회를 다스려야 한다. 이와 같이 나 자신과 내가 속한 세상의 질서를 올바르게 다스리는 것이 정치의 본질이다.

그러므로 사람이 살아가는 데 있어 정치 아닌 일이 없다. 따라서 정치의 교과서로 불리는《자치통감》은 결국 인생의 교과서에 다름이 아닌 것이다.

이러한 가치를 알고 있으면서도《자치통감》의 분량이 방대하다고 생각하여 가까이 접할 용기가 나지 않는다는 사람들이 있다. 이런 이들이 오래전부터 인생의 지침이 되는《자치통감》의 명언(名言)과 명구(名句)를 발췌한 책을 내 주었으면 좋겠다는 요구를 해 왔다.

이 책은 그러한 잠재 독자들의 요구에 의해 기획되었다. 작업은 4~5년 전부터 시작되었는데,《자치통감》속에서 인생을 가르치는 촌철살인(寸鐵殺人)의 명구들을 골라 노트를 만들고, 그 가운데 우선 100여 개의 명구를 가려 뽑아 이 책을 펼쳐 내게 되었다.

이 책에 실린 명구들은 인생의 지침이다. 여기에 나오는 명구 한마디가 곤란에 처했을 때 벗어날 방법을 알려주고, 생사가 오가는 막다른 골목에서 자신의 위치를 반전시켜 줄 있는 구원의 불빛이 되어줄 수 있다. 촌철살인이 아니라 촌철활인(寸鐵活人)인 것이다.

뿐만 아니라 승승장구하여 오만해지기 쉬울 때는 냉정한 경계의 말로 자신을 돌아보게 해 주고, 장기적으로는 인생을 지탱하는 충직한 사다리 역할을 해 줄 것으로 기대한다.

바라건대 독자들이 이 책을 한 번 읽는 데서 그치지 말고, 여기에 나오는 명구들을 몇 번이고 곱씹어 잘 기억해 두기를 바란다. 그리하여 필요할 때 언제든지 떠올리게 되는 인생의 교과서로 유용하게 쓰였으면 하는 바람이다.

2016년 2월
권 중 달 적음

| 목차 |

수신修身 편

스스로 만들어 가라, 군자가 될 수 있다 12

재주는 성공을 보장하지 않는다 15

이론과 현실은 다르다 19

물러날 때를 놓치지 말라 23

나를 낳아주신 이는 부모, 나를 완성하는 이는 친구 26

살아남고자 한다면 죽을 각오로 노력하라 30

맞으면 나아가고 아니면 물러나라 35

얕은 꾀는 오히려 화를 부른다 39

똬리를 문 쥐는 구멍으로 들어갈 수 없다 43

크고 화려한 무덤은 빨리 파헤쳐진다 46

지나친 사랑은 사랑하는 사람을 해치게 만든다 49

낌새가 보이거든 즉시 움직여라 53

겸손해야 뒤끝이 좋다 56

헤어진 지 3일 후면 못 알아볼 정도로 바뀌어 있어야 한다 60

굽힐 줄 알아야 펼 수도 있다 63

부유하고 귀하게 되면 위기를 만날 수 있다 67

청렴하면 만족할 줄 알아 걱정거리가 없다 71

제가齊家 편

집안을 바로잡아야 천하가 안정된다 76

가문이 고귀하다는 것은 두려워해야 할 일이다 79

왕후장상의 씨는 따로 없다 82

자손에게 허물을 늘려 원망 받게 하고 싶지 않다 86

제일 큰 효도는 부모의 마음을 편안하게 하는 것이다 89

형제란 좌우의 손과 같다 93

형제간에는 툭 터놓고 이야기하라 97

인재는 효자의 집안에서 찾아야 한다 101

집안이 어려우면 현명한 아내를 생각하다 104

화가 나도 얼굴색을 바꾸지 말라 107

길흉은 천명에 달렸다 111

골육상잔은 나라도 넘겨준다 115

골육 간의 싸움은 이기든 지든 비극으로 끝난다 119

치국治國 편

통치자의 신의는 정치의 근본이다 124

통치자는 오직 나라를 위한 길을 가야 한다 128

덕스러움은 사람을 감복시킨다 131

얇은 얼음을 밟고 햇볕 아래 서 있지 말라 135

개인 재산을 모으는 군주는 백성의 마음을 얻을 수 없다 138

백성은 약하나 이길 수 없다 142

주리고 절박하면 자식도 보호할 수 없다 146

임금이 덕을 닦지 않으면 바로 옆 사람도 적이 된다 150

작은 이익을 경계하라 153

다른 사람의 공로는 기억하되 허물은 잊어라 157

호랑이를 기르려면 배가 부르게 하라 161

천리마라면 죽은 것이라도 사라 165

가마솥의 끓는 물을 식히려면 아궁이의 장작불을 꺼내라 169

사람을 쓸 때는 장점을 귀하게 여겨라 174

주군을 떨게 하는 공로 뒤에는 죽음이 기다린다 178

세상에 기대지 말고 스스로를 정확히 통찰하라 183

귀신은 가득 찬 사람에게 해를 끼친다 187

선한 일을 하는 것은 산에 오르는 일처럼 어렵다 192

평천하平天下 편

미성년자에게는 허물이 없다 198

상황이 유리하게 변할 때까지 기다려라 201

싹틀 때 잘 다스려라, 작은 힘으로 큰 공을 세운다 205

성인은 현명한 사람을 길러 만민에게 이르게 한다 209

죽을병에 좋은 의사는 없다 213

선비는 분란을 해결할 뿐 물욕을 취하지 않는다 218

태산은 흙 한 톨도 버리지 않는다 222

산에 맹수가 있어야 나물이 살아남는다 226

사람은 속일 수 있어도 하늘을 속일 수 없다 230

스스로 잘못을 끊어야 하늘도 천벌을 끊는다 234

길흉은 사람에게 달려 있지 땅에 달려 있지 않다 239

질박함과 화려함은 가르침에 따라 변한다 243

도리를 잃으면 강한 것도 약해진다 247

저 백성들이 편안하면 나의 백성들도 편안할 것이다 251

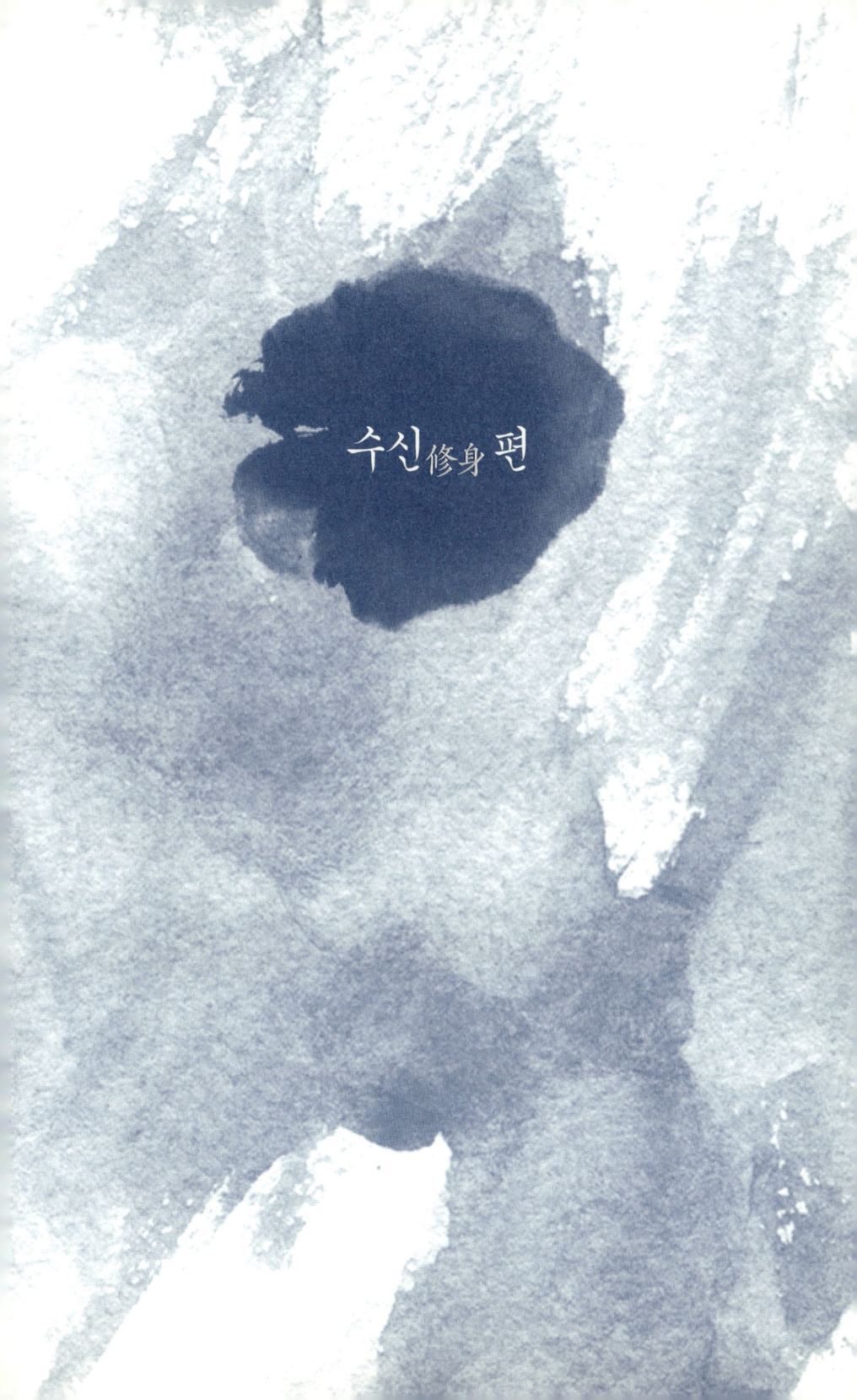

수신修身 편

스스로 만들어 가라
군자가 될 수 있다

人皆作之 作之不止 乃成君子
인개작지 작지부지 내성군자

作之不變 習與體成 則自然
작지불변 습여체성 칙자연

《자치통감》권6

사람들은 모두 만들어간다. 만들기를 그치지 않으면 마침내 군자가 된다. 만들어서 변치 않으면 습관으로 익혀지고, 습관이 몸에 배어들면 자연스러워진다.

전국시대 한·위·조·진·초·연·제의 전국 7웅이 한참 자웅을 겨루던 때의 일이다. 연나라의 한 장수가 제나라를 공략하고 있었는데, 본국으로부터 전과가 없다는 이유로 충성심을 의심을 받게 되었다. 그런 와중에 제나라의 반격이 시작되자 진퇴양난에 부딪친 연나라 장수는 요성으로 들어가 문을 걸어 잠그고 꼼짝도 하지 않았다.

　제나라 장수 전단은 요성을 되찾기 위해 계속 공격을 시도했지만 1년이 지나도록 뜻을 이루지 못했다. 그러자 같은 나라 사람인 노중련이 편지 한 통을 화살에 묶어 요성 안으로 쏘아 넣었다.

　연나라 장수가 이를 받아 읽었다.

　"그대가 연나라로 돌아가지 않으면 제나라로 와야 할 것인데, 제의 군사는 날로 증강되고 연의 구원병은 도착하지 않으니 공은 과연 어찌하시려오?"

　노중련의 편지를 받은 연의 장수는 사흘을 울다가 자살해 버렸다. 그는 자신을 의심하는 고국으로 돌아갈 수도 없고, 제나라에 항복할 수도 없었다. 전쟁 중에 제나라 군사를 많이 죽였으니 제나라에 항복하면 그 죄를 추궁당할 것이 뻔하다고 단정한 것이다. 장수가 자살하자 요성은 혼란에 빠졌고, 전단은 드디어 성을 차지할 수 있었다.

　제나라에서는 편지 한 통으로 요성을 뺏은 노중련의 공로를 치하하여 작위를 주려 했지만 그는 거절하고 바다로 도망쳐 버렸다.

　"부귀를 누리고자 다른 사람에게 굽히느니, 차라리 가난하고 천한 채로 세상을 가볍게 보면서 아무 거리낌 없이 나의 뜻을 펼쳐 보겠다."

　후에 위나라 안희왕이 공자의 후손인 공빈에게 물었다.

"전국시대라는 지금의 난세에서 세상을 아래로 내려다보며 자기 인생을 살아가는 지조 높은 선비가 있겠는가?"

공빈이 대답했다.

"세상에 그런 사람은 없지만 억지로 그 다음쯤 되는 사람을 찾는다면 바로 노중련일 것입니다."

공빈의 대답을 들은 왕이 되물었다.

"노중련은 억지로 그렇게 만들어진 것이지, 그 자체가 자연스러운 것은 아니다."

이에 공빈이 다시 대답했다.

"사람들은 모두 만들어 가는 것입니다. 만들기를 계속하면 마침내 군자가 되지요. 만들어서 변치 않게 되면 습관으로 익혀지고 이 습관이 몸에 배게 되면 자연스러워지는 것입니다."

사람은 모두 같은 능력을 타고 태어날까, 아니면 제각각 타고난 능력이 다를까? 이러한 질문에 간단히 대답하기는 어려울 듯하다. 사람의 능력을 평가하는 기준을 어떻게 잡느냐에 따라 서로 다른 대답이 나올 수 있기 때문이다.

하지만 타고난 운명이 어떠하든지 목표를 정해놓고 스스로 자신을 꾸준히 만들어 간다면 주어진 운명을 초월하여 자유의지로 살아갈 수 있을 것이다. 이것이 바로 자연스러움이다.

어떤 사람이 되고자 하는지 목표를 세우고 부단히 노력하다 보면 되고자 하는 사람이 된다. 마치 원래 타고난 것처럼.

수신
修身

재주는 성공을
보장하지 않는다

自昔古以來 國之亂臣 家之敗者
자 석 고 이 래　국 지 난 신　가 지 패 자

才有餘而德不足 以至於顚覆者多矣
재 유 여 이 덕 부 족　이 지 어 전 복 자 다 의

《자치통감》권1

예로부터 나라를 어지럽히는 신하와 집안을 망하게 하는 자식은 재주는 넉넉하지만 덕이 부족하여, 나라와 집안을 뒤집어지게 하는 사람들이 많았습니다.

수신(修身) 편

전국시대 진(晉)나라 대부인 지요는 아름다운 턱수염, 활쏘기와 말 달리기를 하기에 충분한 힘, 놀라운 기예, 교묘한 문장, 은혜를 베푸는 말솜씨 등의 다섯 가지 멋진 재주를 가진 사람이었다. 그럼에도 불구하고 단 한 가지, 덕이 없었다. 그는 어질지 못하여 교만하고, 다른 사람을 함부로 대했으며, 매사를 자기 욕심대로만 하려 들었다.

이러한 지백은 자신의 힘을 이용하여 진나라의 또 다른 대부인 한강자와 위환자를 협박하고, 그들의 땅을 빼앗았다. 한강자와 위환자는 속으로 지백을 싫어했으나 어쩔 수 없이 땅을 내어줄 수밖에 없었다. 이에 고무된 지백은 대부인 조양자에게도 땅을 요구했지만 이번에는 거절당했다.

화가 난 지백은 자기 손아귀에 있는 한강자와 위환자의 군대를 징집하여 연합군을 구성한 뒤 조양자를 협공했다.

위기에 처한 조양자는 한강자와 위환자의 속내를 아는지라 그들에게 밀사를 보내어 이로움과 불리함을 가지고 설득했다.

"지금 지백이 한과 위의 군대를 연합군으로 편성하여 우리 조씨 집안을 공격하고 있습니다. 그러나 생각해 보십시오. 우리 조씨 집안이 망하면 그 다음 순서는 어디일까요? 바로 한과 위일 것입니다. 그러니 우리가 힘을 합해 지백을 없애야 합니다."

한강자와 위환자는 지백의 탐욕스러움에 공감하며 조양자와 협력하여 지백을 멸망시켰다.

어릴 때 재주가 있는 아이를 보면 누구나 대부분 좋아하며 장차 큰 인물이 되리라 기대한다. 재주가 많다는 것은 결코 나쁘지 않다. 오히려 재주가 많을수록 좋은 것은 분명하다.

그런데 《자치통감》에는 이러한 재주에 대해 경계하는 말이 있으니, 바로 '재승덕(才勝德)'이다. 즉 '갖고 있는 재주가 덕스러움보다 많다'는 뜻인데, 이런 재승덕의 인물은 안타깝게도 실패하는 삶을 사는 경우가 많았다는 것이다.

사람이 살아가는 데 있어 재주보다는 어떤 마음을 갖고 살아가느냐가 더 중요하다. 다른 사람에게 필요한 것을 도와주는 덕의 마음을 지닌 사람이라면 재주는 금상첨화지만, 탐욕과 아집으로 가득 찬 사람이 놀라운 재주를 갖췄다면 그 재주는 설상가상으로 나쁜 일에 이용될 수 있기 때문이다.

지백은 힘도 있었고 재주도 있었지만 덕이 없어 다른 사람에게 이치에 어긋난 부당한 요구를 하다가 멸망했다. 이를 두고 사마광은 '예로부터 나라를 어지럽히는 신하와 집안을 망하게 하는 자식은 재주가 넉넉하지만 덕이 부족하여 결국 나라와 집안을 뒤집어지게 만든다.'고 논평했다.

지백과 같은 인물은 오늘날에도 존재한다. 재주가 많아 반드시 성공할 것만 같았던 사람이 결과적으로 실패한 삶을 살아가는 이유는 다른 사람을 생각하는 덕이 없었기 때문이다. 자신이 가지고 있는 재주만큼 사회적 책무를 다한다면 스스로에게도 만족을 안겨줄 뿐만 아니라 다른 사람의 존경을 이끌어낼 수 있다.

하지만 현대 사회에서는 오히려 이러한 재승덕의 인물이 넘쳐나고 있다. 우리는 전쟁과 가난의 시기를 거치면서도 어려운 가운데 서로를 도우며 살아온 지난날의 역사가 있다. 그러나 산업사회와 자본주의의 시대로 접어들면서부터 덕보다는 재주가 우위에 서는 지경이 되었다.

밥상머리에서 내리사랑으로 이어지는 엄격하지만 자연스러운 가정교육이 사라지고, 이제는 식구가 한 밥상에서 얼굴을 마주하고 밥을 먹기가 하늘의 별따기보다 어려운 시대가 되었다.

또한 먹고 사는 생존의 문제가 보편적으로 풀리다 보니, 이제는 더 잘 먹고 더 잘 사는 것이 새로운 삶의 목표가 되었다. 더 잘 먹고 더 잘 살기 위해서는 남보다 더 뛰어나야 한다. 이를 위해서 현대의 부모들은 자식의 재주를 더욱 더 향상시키기 위해 모든 것을 내어놓는다. 덕성은 이제 옛 시대의 유물이 되어 버린 것이다.

인간과 사회를 지탱하는 덕이 실종된 사회에서는 필연적으로 덕의 부재로 인한 수많은 문제들이 발생하게 된다. 작금의 우리 사회 또한 그렇지 않은가. 도저히 우리의 상식으로 이해할 수 없는 문제들이 매일 뉴스를 통해 나온다. 이와 같은 병리적 현상들은 재승덕을 추앙하는 현대의 세태에서 비롯되는 것이니, 다시 한 번 재승덕으로 멸문의 화를 입은 지백의 고사를 되새겨야 할 것이다.

수신
修身

이론과 현실은 다르다

括徒能讀其父書傳　不知合變也
괄 도 능 독 기 부 서 전　부 지 합 변 야

《자치통감》 권5

조괄은 헛되이 그의 아버지 조사가 보던 책과 전해 오는 것들만 읽었지, 변통(變通)에 합치하는 것을 모릅니다.

전국시대 진(秦)나라의 세력이 점점 커지고 있었을 때의 일이다. 진의 이웃에 위치한 조나라에서는 역전의 명장 염파가 진나라 군대를 상대하고 있었다. 염파는 전투에서 몇 번 패한 후 성 안으로 들어가더니 문을 걸어 잠그고 방어만 할 뿐 통 밖으로 나오려 하지 않았다. 그 결과 조나라는 진나라의 군대를 물리칠 수 없었지만, 진나라의 군대도 더 이상 성을 함락할 수 없는 교착 상태에 빠지게 되었다.

　그러자 진나라에서는 적국 조나라의 명장 염파를 끌어내리기 위해 간첩을 동원하여 다음과 같은 소문을 조나라 왕에게 흘려 넣었다.

　"진나라는 조괄이 조나라의 장군이 되는 것을 제일 두려워한다."

　조괄은 조나라의 명장인 조사의 아들로, 어려서부터 병법을 열심히 공부한 사람이다. 어느 날 그의 아버지 조사가 아들을 불러 병법 시험을 치렀는데, 조괄은 아버지 조사가 당할 수 없을 만큼 병법 지식에 능하여 이 시험에서 만점을 받았다. 이 일은 천하에 두루 퍼져, '조괄은 천하의 명장인 아버지가 감당하지 못할 만큼 최고의 병법 지식을 갖춘 사람이다.'라는 명성을 얻게 되었다.

　그러나 책으로만 병법을 배웠다는 조괄의 약점을 잘 알고 있었던 진나라에서는 이러한 조괄의 명성을 이용하여 새로운 전략을 펴기로 했다. 성을 지키는 데 급급한 염파는 겁쟁이이므로 걱정할 필요가 없지만 병법에 능한 조괄이 염파 대신 조나라의 군대를 지휘한다면 진나라로서는 큰일이라는 소문을 조나라에 퍼뜨린 것이다.

　이 소문이 진나라의 작전에 의한 것인 줄 모르는 조나라의 효성왕은 귀가 솔깃했다. 소문대로 염파를 면직시키고 조괄을 장군으로 임명한다면 답답한 전세를 역전시킬 수 있을 것이라고 착각한 효성왕은 조괄을 장군으로 임명하려 했다. 하지만 재상 인상여가 왕을 말렸다.

"이는 마치 비파 줄을 아교로 기둥에 붙여 놓고 비파를 타는 것과 같습니다. 조괄은 그의 아버지가 보던 책과 전해 오는 이론만 읽었지, 변화하는 현실을 다룰 능력이 없습니다."

명재상인 인상여의 만류에도 불구하고 효성왕은 고집을 부려서 조괄을 장군으로 임명했다.

그러자 이번에는 조괄의 어머니가 나섰다. 그녀는 자신의 아들이 전쟁에서 이길 생각보다는 전쟁을 이용하여 재산을 늘릴 생각만 하고 있다는 말까지 덧붙이며 아들의 장군 임명을 취소해 달라고 요청했다.

하지만 효성왕은 끝내 조괄로 하여금 염파를 대신하여 군사를 지휘하게 했다. 장군이 된 조괄은 염파의 모든 전략을 교과서적인 병법대로 수정했다. 뿐만 아니라 오히려 염파와 정반대로 군사를 지휘했다. 그러나 이러한 조괄의 고식적 전략을 이미 짐작하고 있던 진에게는 전혀 먹혀들지 않았고, 결국 조나라의 군대는 대패했다.

조괄은 병법 지식을 시험 보는 데 있어서는 천하제일이었지만 응용 능력은 전혀 없었던 인물이었다. 이 사실은 적국인 진나라에서도 파악했고, 조나라의 재상인 인상여도 파악했으며, 하다못해 조괄의 어머니까지도 알고 있었던 일이었다. 오로지 조나라의 효성왕만 알지 못했다.

"조괄은 병법의 대가가 아닌가!"

이와 같은 효성왕의 무모한 확신이 돌이킬 수 없는 패배를 가져왔다. 비파 줄을 아교로 단단히 붙여 놓는다면 아무리 좋은 비파라도 연주

자가 원하는 소리를 낼 수 없다. 비파 줄은 연주자에 의해 자유롭게 움직여야 아름다운 음악을 만들어낼 수 있는데, 아교로 기둥에 붙여 놓았으니 좋은 소리를 낼 수 없는 것이다.

전쟁의 상황 역시 변화무쌍하기 때문에 실전에서 재빠르게 병법을 응용하며 대처할 수 있는 창의력이 필수다. 그런데 실전 경험이 전혀 없는 조괄의 병법 지식은 전혀 융통성이 없는, 아교를 붙여 놓은 비파 줄과 같았다. 그런 사람이 군대를 지휘하는 장군의 자리에 앉았으니 패배는 불을 보듯 뻔한 일이었다. 아무리 병법 지식이 많은들 무슨 소용이란 말인가.

오늘날에도 세상에는 수많은 일들이 일어나고 있다. 그 모든 일의 원인과 진행 방향은 수천만 가지다. 문제는 이런 경우의 수를 교과서에 다 모아놓을 수도 없고, 그것을 다 외워 익힐 수도 없다는 것이다.

간접적인 경험의 지식들은 분명 어느 정도까지는 도움이 될 수 있지만, 모든 것을 해결해 줄 수는 없다. 이것은 가장 기본적인 기초 지식일 뿐이다. 그 토대 위에 상황에 따라 적응하는 창의력이 필요한 것이다.

그러므로 지나온 지식을 바탕으로 현실에 부딪치되 상황에 맞는 새로운 경험과 지식을 창출해낼 수 있어야 한다. 우리는 이것을 창의력이라고도 하고 지혜라고도 하는데, 이는 자유로운 사고에서 나온다.

이처럼 과거의 지식과 현재의 지혜가 함께 어우러져야 현명한 삶을 살아갈 수 있다. 요즘은 당연하게 창의력을 강조하고 있지만 막상 그 실상을 들여다보면, 오히려 점수벌레만 기르려는 사람들이 너무 많은 것은 아닌지 통탄할 일들이 많다.

수신
修身

물러날 때를 놓치지 말라

日中則移 月滿則虧
일 중 즉 이 월 만 즉 휴

進退嬴縮 與時變化 聖人之道也
진 퇴 영 축 여 시 변 화 성 인 지 도 야

《자치통감》권6

"해가 중천에 이르면 기울어지고, 달이 차면 줄어든다."
나아가고 물러나며 가득 차고 줄어드는 것은 때에 따라서 변화한다는 것이 성인의 도(道)입니다.

전국시대 진나라의 재상을 지낸 범수는 원래 위나라 사람이었다. 한때 위나라에서 작은 벼슬을 맡았으나 상관인 재상 위제의 억울한 모략에 빠져 심한 매를 맞다가 죽은 척하여 겨우 형벌에서 벗어날 수 있었다. 그때 위제는 범수를 거적에 말아 변소에 두게 함으로써 술 취한 사람들로 하여금 그의 시신에 방뇨케 하는 치욕을 주었다. 범수는 진의 사신인 왕계의 도움을 받아 겨우 위나라를 빠져나왔는데, 이 일로 위나라에 깊은 한을 갖게 되었다.

　진나라로 건너온 후 범수는 왕계의 추천으로 소양왕을 만나 천하를 얻을 수 있는 술책을 제시했다. 그 정책이 적중하자 범수는 소양왕의 신임을 받아 재상에 오르게 되었다.

　그 후 범수는 진나라의 위엄을 손에 쥐고 자신을 죽이고자 했던 위나라의 재상을 죽게 함으로써 원수를 갚았다. 또한 명장 오기를 받아들여 거듭되는 전쟁을 승리로 이끌어냈다. 위나라 사람이었던 범수가 진나라의 재상이 되어 권력을 휘두르는 인생 최고의 정점에 이른 것이다.

　그러던 중 범수에게 위기가 닥쳤다. 자신을 위나라에서 구출하고 진나라의 소양왕에게 추천까지 해주었던 생명의 은인 왕계가 반역죄로 참수되었고, 설상가상으로 자기가 추천하여 진나라의 전투를 승리로 이끌던 오기 장군도 죽었다. 또한 자기가 추천했던 정안평도 진을 배신했다. 이처럼 범수와 연관된 사람들이 배신자로 속속들이 드러나자, 소양왕은 깊은 탄식에 빠졌다.

　이 모든 일에 대한 책임이 곧 재상인 자신에게 쏟아질 것을 염려한 범수는 어찌 해야 할 바를 모른 채 안절부절 하고 있었다. 그때 연나라에서 온 채택이 그에게 말했다.

"역사적으로 보아 나라에 공로를 세웠다 하더라도 죄를 짓고 죽지 않는 사람은 없었습니다. '해가 중천에 이르면 기울고, 달이 차면 줄어든다.'는 말이 있지 않습니까. 해는 나아가고 물러나며, 달은 가득 차고 줄어듭니다. 이처럼 때에 따라서 변화할 줄 알아야 하는 것이 성인의 도입니다."

이 말을 듣고 범수는 자신이 물러날 때임을 직감했다. 그는 소양왕에게 채택을 소개한 후 자신은 병을 핑계로 재상에서 물러났다.

이로써 범수는 천수를 누렸다.

세월이 가는 것을 아는 것은 아주 중요하다. 그보다 더 중요한 것은 시절에 맞게 행동하는 것이다.

평소에 아무리 훌륭한 것이라도 그것이 때에 맞지 않으면 오히려 거추장스러운 짐이 될 수 있다. 그러므로 때에 맞추어 진퇴를 결정한다면 어떠한 위기도 큰 어려움 없이 헤쳐 나갈 수 있다.

특히 높은 자리에 있는 때일수록 그 자리를 미련 없이 버리기는 쉽지 않다. 하지만 때에 따라 자기의 처신을 적절하게 결정할 수 있어야 현명한 사람이다. 범수는 비록 인간적으로 훌륭한 사람은 아니었다 할지라도 떠날 때를 알았기 때문에 큰 화를 면할 수 있었다고 평가할 수 있다.

수신
修身

나를 낳아주신 이는 부모
나를 완성하는 이는 친구

管仲曰　生我者父母　成我者鮑子
관중왈　생아자부모　성아자포자

《자치통감》권41

관중이 말하기를, 나를 낳아주신 분은 부모지만 나를 완성시킨 이는 포자다.

고조 유방에 의해서 건국되었던 한나라는 왕망에 의해 멸망했는데, 왕망이 세운 신나라 역시 얼마 가지 못하고 멸망했다. 이 이야기는 신나라가 망한 후 다시 한나라를 일으켜 세운 광무제 유수가 나라의 새로운 질서를 잡아가고 있을 때의 일이다.

유수는 한나라를 재건하고 황위에 올랐지만 아직 전국을 제패할 만한 강한 힘을 가지고 있지는 못했다. 그렇기 때문에 많은 사람들의 조력을 받아야만 새로운 왕조를 꾸리면서 안정된 사회를 만들 수 있는 상황이었다.

이런 까닭에 유수는 많은 사람들을 자기편으로 끌어 들이고자 노력했는데, 역사에서는 이를 호족연합정권이라고 논평하기도 한다. 세력 있는 친구끼리 힘을 합쳐서 정권을 유지한다는 의미로, 형식상으로는 황제와 신하 사이지만 내용적으로는 친구 관계를 유지했음을 뜻한다. 이처럼 유수는 좋은 친구를 만들기 위해 부단히 노력했다.

그때 이 시대의 이름난 군웅 중 하나인 공손술이 병사 수십만 명을 모으고 10층짜리 누선을 만든 뒤 천하 각 주의 목과 군을 점령하고 인장을 새겨서 태수를 임명하려는 일이 생겼다. 한나라에게는 위기였다.

그러자 한나라의 장수인 풍이가 이들을 맞아 대파시켰는데, 이때 외효가 풍이를 도와 큰 공을 세웠다.

전장의 상황을 보고 받은 황제는 손수 외효에게 답장을 써 보냈다.

"장군이 남쪽으로는 공손술의 병사를 막고, 북쪽으로는 강족과 호족의 소란을 통제하고 있으니, 그 덕에 풍이가 마음 놓고 서쪽의 삼보 지역을 지킬 수 있었소. 장군의 원조가 미약했다면 함양은 이미 다른 사람에게 점령되었을 것이오. 장군이 나를 도와준다면 공로를 계산하여 땅을 나누어 줄 것이오.

관중이 말하기를 '나를 낳은 사람은 부모지만, 나를 완성시킨 사람은 포자다.'라고 하였소. 우리도 그들처럼 오늘 이후부터는 손수 편지를 써서 서로의 소식을 전하여 다른 사람이 중간에서 말을 만들지 않게 합시다."

황제가 자기의 부하 장수인 외효에게 벗처럼 지내자고 한 것이다.

이후에도 공손술은 자주 공격을 시도했지만, 외효와 풍이가 세력을 합하여 그들을 물리쳤다. 공손술은 사자를 파견하여 대사공과 부안왕의 머리를 내어주었는데, 외효는 그 사자의 목을 베고 군사를 내어 그들을 물리쳤다. 이런 이유로 공손술의 병사들은 다시 북쪽으로 나오지 못했다. 광무제 유수에게 외효는 절친한 친구 이상이었던 것이다.

사람이 태어나면 제일 먼저 부모 밑에서 자란다. 하지만 사람이 완성되려면 보다 더 많은 사람으로부터 배워야 한다. 그 많은 사람들 중에서 친구는 매우 중요하다.

우리는 부모로부터는 몸을 받아 사랑으로 양육되지만, 친구로부터는 여러 가지 인간 관계를 배우게 된다. 이 관계에서 나오는 화두를 스스로 해결해 나가면서 진정한 인간으로 성장하는 것이니, 친구는 나를 완성하는 마지막 관문이라고 할 수 있다.

부모 자식 사이는 대체로 아무 조건 없이 서로 아끼고 사랑하는 사이로, 끈끈한 정이 연결되어 있어 떼려야 뗄 수 없는 사이다. 그러나 친구는 무조건 아껴줄 수 있는 사이가 아니다. 친구와는 마음에 안 맞으면 언제라도 헤어질 수 있다.

그래서 친구 관계를 유지하려면 믿음이라는 아주 까다롭고 중요한 매개체가 필요하다. '붕우유신(朋友有信)'이라는 말도 있지 않은가. 그 대표적인 사례가 후한 광무제 유수가 인용한 '관포지교(管鮑之交)'로, 춘추시대에 관중과 포숙이 서로 신뢰했던 우정을 일컫는 말이다.

이런 친구를 많이 둔 사람은 어려운 일을 당해도 헤쳐 나갈수 있는 방법을 도움 받을 수도 있고, 즐거운 일이 있을 때는 더불어 즐거움을 나눌 수도 있다. 그래서 친구가 없는 사람을 '독불장군'이라는 말로 표현한다. 혼자서는 장군 노릇을 하지 못한다는 뜻이다.

요즘 젊은이들 중에는 극심한 경쟁에서 이기기 위해서라면 친구라 하더라도 밟고 올라가야 된다고 생각하는 사람이 많다고 한다. 정말로 그것이 옳은 일인가 생각해 보아야 할 풍조다.

수신
修身

살아남고자 한다면
죽을 각오로 노력하라

諱死者不可以得生　諱亡者不可以得存
휘 사 자 불 가 이 득 생　휘 망 자 불 가 이 득 존

《자치통감》권6

죽는 것을 꺼리는 사람은 살 수 없고, 망하는 것을 꺼리는 사람은 더 남아 있을 수 없다.

천하를 통일한 진 시황제의 아버지는 공식적으로 장양왕 영이인이라 알려져 있다. 하지만 실제로 시황제는 여불위의 소생이다. 장양왕이 되기 전 영이인은 조나라에 인질로 가 있었는데, 여불위가 많은 돈을 들여 그를 후원하여 태자로 만들고, 자신의 아이를 임신한 여인까지 바쳤다. 즉 여불위가 영이인을 장양왕으로 만든 것이다.

장양왕이 일찍 죽자 그의 아들 영정이 등장했는데, 이 사람이 훗날 중국을 통일한 시황제다. 여불위의 아들 영정이 공식적으로는 장양왕의 아들이 된 것이다.

장양왕이 죽은 후 여불위는 태후와 은밀한 관계를 유지했다. 그러나 시황제의 나이가 점점 많아지자 태후와의 불륜이 발각될까봐 염려되었다. 여불위는 하인인 노애를 환관으로 궁에 보내 태후와 지내게 했다. 시간이 흘러 태후와 노애 사이에서는 아들이 둘이나 생겼다.

그런데 누군가의 밀고로 태후와 노애의 관계가 발각되면서 궁지에 몰린 노애는 군사를 동원하여 반란을 일으켰다가 패하고 도망쳤다. 이 사건으로 시황제는 노애 소생의 두 동복(同腹) 동생을 죽이고 어머니인 태후를 귀양보냈다.

사람들은 친어머니를 귀양 보내고 이부(異父) 동생을 둘이나 죽인 시황제를 두고 인륜에 어긋난 짓을 했다고 비난했다. 시황제는 자기가 한 일에 대해 간언하는 사람은 죽이겠다고 선포했는데, 그럼에도 불구하고 여러 사람이 나서 간언하기를 두려워하지 않았다. 시황제가 그들을 바로 죽이니, 무려 27명이나 되었다. 이제는 더 이상 누구도 이 문제를 거론하기 힘든 상황이 되었다.

바로 이때, 제나라 사람인 모초가 시황제에게 간하겠다고 나섰다. 그러자 그와 같은 동네에 살았던 사람은 물론이고, 그와 함께 밥을 먹었던 사람들까지 모두 서둘러 도망쳤다. 자칫 잘못되는 날에는 모초와 연좌되어 죽임을 당할 수 있었기 때문이다.

모초의 알현 간청을 전해들은 시황제는 몹시 분노했다. 태후의 일을 언급하는 사람은 모두 참수하고 그 사지를 잘라 대궐 아래 쌓아 놓겠다는 명을 내렸음에도 불구하고 그가 자신을 찾아오겠다는 것은 스스로의 자기의 명령을 거역하겠다는 뜻이었기 때문이다.

시황제는 옥좌에 앉아 칼을 어루만지며 모초를 기다렸는데, 입에서 거품이 뿜어져 나올 만큼 흥분한 상태였다. 모초는 천천히 걸어 시황제 앞에 두 번 절하고 일어나 말했다.

"신이 듣기로는, 산 사람으로 죽기를 거리끼지 않는 사람이 있고, 나라를 가진 사람으로 망하는 것을 거리끼지 않는 사람이 있다고 합니다. 죽는 것을 꺼리는 사람은 살 수 없고, 망하는 것을 꺼리는 사람은 더 이상 남아 있을 수 없을 것입니다. 죽고 살고, 살아남고 망하는 것은 성스러운 군주가 마땅히 궁금해 하실 일인데, 그렇다면 폐하께서는 이 일에 대하여 들어 보시겠습니까?"

시황제는 내심 궁금해졌다.

"지금 무엇을 말하고 있는 것인가?"

모초는 의연하게 말했다.

"폐하께서는 정신이 나간 사람으로서, 마땅히 지켜야 할 도리에 어긋나는 불순한 일을 하고 계십니다. 의붓아비를 마차로 찢어 죽이고, 두 동생은 자루에 넣어 박살냈으며, 어머니를 유배 보내고, 바른 말로 간하는 선비들은 모두 죽이셨으니, 천하의 폭군으로 이름난 하나라의 걸왕과 은나라의 주왕도 감히 폐하보다 낫다 하겠습니다.

이런 소문을 들은 천하의 사람들은 모두 흩어져 이제 어느 누구도 진나라로 오려 하지 않습니다. 신이 생각하건대, 지금의 상황은 폐하에게 아주 위험하다고 판단되어 감히 말씀드린 것입니다."

말을 마친 모초는 스스로 옷을 벗고 형틀에 엎드렸다. 그러자 시황제가 옥좌에서 내려와 손으로 그를 잡고 말했다.

"선생, 일어나서 옷을 입고 나에게 가르침을 주시오."

시황제는 모초에게 작위를 주어 상경으로 대접하고, 스스로 수레를 몰고 가서 태후를 모시고 돌아왔다.

우리에게 익숙한 말이 있다. "살고자 하면 죽고, 죽고자 하면 산다."는 이순신 장군의 명언이다. 이 말은 '하고자 하는 일에 목숨을 걸고 노력한다면 성공할 수 있지만, 하고자 하는 일이 있어도 목숨까지 바칠 각오가 없다면 성공하기가 쉽지 않다.'는 의미다.

진 시황제의 잘못된 정치를 바로잡고자 한 모초는 목숨을 내건 사람이었다. 목숨을 걸고 시황제를 위해 바른 말을 해 주었기 때문에 시황제는 감동을 받아 깨달음을 얻었고, 자신은 목숨을 건졌을 뿐만 아니라 새로운 관직까지 얻을 수 있었던 것이다.

이와 같이 목숨을 건 영웅담은 역사에서 종종 찾아 볼 수 있는데, 우리의 역사에서는 이순신 장군의 말이 유명하다.

그러나 실제로 사람이 목숨을 건다는 것은 결코 쉬운 일이 아니다. 말로 때우거나 단지 목숨을 거는 척하기는 쉽지만 막상 실제 상황에 부

덮치게 되면 아무래도 한 발짝 물러서게 되는 것이 인지상정이다. 명백히 이것은 잘못이 아니다. 평범한 사람이라면 누구나 다 그럴 것이다.

그러나 만약 스스로 평범하지 않은 일을 하고자 한다면 목숨을 거는 것처럼 평범하지 않은 노력을 해야 한다. 목숨을 거는 용기와 각오, 실천과 노력으로 목표를 향해 돌진한다면 마침내 평범을 뛰어넘는 특별한 성과를 얻게 될 것이다.

이와 같이 목숨을 건 노력은 상황을 반전시키는 결과를 이끌어내는 경우가 많다. 어려운 일을 당했을 때, 뛰어난 성공을 하고자 했을 때, 보통으로 감당할 수 없는 일을 맡았을 때, 목숨을 걸고 노력한다면 십중팔구 성공할 수 있을 것이다.

맞으면 나아가고 아니면 물러나라

君子以禮動 以義止 合則進 否則退
군자이례동 이의지 합칙진 부칙퇴

確乎不憂其不合也
확호불우기불합야

《자치통감》 권6

군자는 예로써 움직이고 의로써 그치는데, 맞으면 나아가고 아니면 물러나는 것이지, 확실히 그것이 맞지 않을까 걱정하지 않는다.

전국시대 한나라 왕에게는 여러 명의 아들이 있었는데, 한비자도 그중 한 사람이었다. 그는 한나라가 자꾸만 땅을 잃으며 약해지자 안타까워하며 왕에게 편지를 보내어 천하통일 방안을 건의하곤 했다. 그러나 왕은 그를 등용하지 않았다.

　한비자는 갖가지 형벌 제도와 법으로 나라를 다스리는 방법과 기술을 다루는 학문에 능했다. 그는 한나라가 청렴하고 강직한 사람을 임용하지 않고, 오히려 들뜨고 음란하여 좀 같은 인물들에 휘둘리고 있으며, 길러진 사람은 쓰이지 못하고, 쓸 사람은 길러지지 못하는 현실을 슬퍼하며 이에 관한 많은 저술을 남겼다.

　이러한 한비자의 소문을 듣고 진나라의 시황제는 그를 만나보고 싶어 했다. 마침 한나라 왕이 진나라와 잘 지내려고 땅과 옥새를 바치며 진나라의 제후국이 되기를 청해오자, 진나라에서는 한비자를 사신으로 보내라고 요구했다.

　한나라의 사신 자격으로 진나라에 간 한비자는 시황제에게 다음과 같은 내용의 편지를 보냈다.

　"신은 죽음을 무릅쓰고 대왕을 알현하여, 천하의 합종 계책을 깨뜨릴 수 있는 계책을 말씀드리고자 합니다. 만약 대왕께서 저의 계책대로 하여 천하의 합종을 한번에 깨뜨리지 못한다면 신을 참수하여 여러 나라에 돌리십시오."

　한비자는 시황제에게 자기의 목숨을 담보로 내놓고 당시 진나라에게 가장 고통스러운 합종을 깨는 천하통일 방안을 제시하겠다고 장담한 것이다. 당시 진나라는 천하통일을 위해 동쪽으로 진출해야 했는데, 동쪽의 여섯 나라가 남북으로 연합하는 합종책을 쓰며 막고 있어 이를 깨뜨리는 것이 어려웠던 터였다.

이런 상황에서 시황제가 한비자의 천하통일 방안을 얻으려면 한나라에서 사신으로 온 그를 진나라의 관리로 임명해야 했다. 그러나 시황제는 한비자의 말에 기뻐하면서도 한비자가 한나라 사람이기에 쉽게 그를 등용하지 못하고 망설였다.

이때 진나라의 권력자인 이사는 자기보다 출중한 한비자가 등용된다면 자신은 그날로 권력을 잃을 것이라 생각했다. 그리하여 이사는 급히 황제에게 간언했다.

"한비자는 한나라의 공자입니다. 그가 위하는 것은 한나라이지 진나라가 아닙니다. 만약 왕께서 그를 등용하지 않고 오래 머물게 하다가 그냥 돌려보내면 이 또한 근심거리가 될 것이니 차라리 법으로 그를 죽이소서."

왕은 이사의 말에 동의하여 한비자를 일단 감시하라고 명했다. 그러니 이사는 독단으로 한비자에게 독약을 내려 스스로 죽을 것을 강요했다. 한비자는 왕에게 탄원코자 했으나 알현이 허락되지 않아 그대로 죽을 수밖에 없었다.

시간이 흐른 뒤 시황제는 자신의 결정을 후회하고 한비자를 사면하려 했지만 그는 이미 죽은 뒤였다.

한비자는 후세에 길이 남을 훌륭한 책들을 많이 썼다. 하지만 정작 자신은 이를 실천해 보지도 못했을 뿐만 아니라 오히려 자신의 책 때문에 죽은 셈이 되었다. 생각하기에 따라서는 억울한 일이기도 하다.

하지만 이 일에 대해 후대의 역사가들은 명확하게 냉정한 입장을 보인다. 후한 대의 양웅이나, 북송 대의 사마광은 한비자를 논할 때 군자로서의 덕을 갖추지 못한 그의 죽음은 억울하지 않다고 했다.

양웅은 "군자는 예로써 움직이고 의로써 그치는데, 맞으면 나아가고 아니면 물러나는 것일 뿐, 그것이 맞지 않을까 걱정하지는 않는 것이다."라고 했다. 만약 한비자가 확고부동한 철학을 가지고 정책을 제시했다면 비록 그것이 받아들여지지 않았다고 해서 낙심하거나 걱정할 필요는 없었을 것이지만, 결과에 집착한 한비자는 자신의 업적을 실현하기 위해 물불을 안 가리고 남의 나라인 진에까지 가서 정치를 해 보려고 했으나, 결국 이루지도 못하고 죽은 것이다. 군자답지 못하게 맞지 않는데 나아가려고 했기 때문에 빚어진 결과였다.

또한 사마광은 한비자가 자기 나라에서 받아 주지 않는다는 이유로 적국에 가서 자기의 머리를 팔아 조국을 전복시키려 했으니 그 죄는 죽어도 용서받지 못할 것이라 했다.

그러므로 한비자는 머리가 매우 좋은 사람이었음은 분명하지만, 군자는 아니었다. 오히려 권력자에 결탁하여 사사로운 이익을 꾀하고자 한 정상배에 불과했던 것이다.

군자가 되기는 쉬운 일이 아니다. 공적인 일을 먼저하고 사사로운 일은 뒤로 미루는 선공후사의 의무를 준수해야 하기 때문이다. 그럼에도 불구하고 오직 다른 사람을 지휘하는 권력에 매료되어 군자 노릇을 하겠노라 나서는 사람이 많은 걸 보면 어이없을 때가 많다. 목숨을 내놓으면서도 웃을 수 있어야 비로소 군자가 아닌가.

수신
修身

얕은 꾀는 오히려 화를 부른다

計淺而怨深 連結一人之後交
계 천 이 원 심 　 연 결 일 인 지 후 교

不顧國家之大害 所謂資怨而助禍矣
불 고 국 가 지 대 해 　 소 위 자 원 이 조 화 의

《자치통감》권6

얄팍한 계산은 원망을 깊게 만들며, 뒤늦게 사귄 한 사람과 이어지고자 국가의 커다란 해로움을 생각하지 않는 것은 그야말로 원망을 북돋아 재앙을 만나도록 돕는 일입니다.

전국시대에 연나라의 태자였던 단은 조나라에 인질로 가 있었다. 이때 진나라의 영정도 인질로 조나라에 머물고 있었다. 같은 처지였던 단과 영정은 가까이 지냈다.

세월이 흘러 영정은 진나라로 돌아가 왕이 되었지만, 단은 또다시 진나라에 인질을 가야 하는 신세가 되었다. 하지만 단은 진나라의 시황제가 된 영정이 예전에 조나라에서 함께 인질로 지냈던 것을 감안하여 특별한 대우를 해 줄 것이라 기대했다.

이러한 기대와는 달리 시황제는 단을 철저히 인질로만 취급했다. 화가 난 단은 진을 탈출하여 연나라로 돌아온 후 오로지 시황제에게 원수 갚는 일에만 몰두했다.

단의 스승인 국무는 진을 둘러싸고 있는 한·위·조와 맹약하고, 제·초와도 연결하며, 흉노와의 관계까지 강화한 뒤에 진을 도모해야 한다고 충고했다.

하지만 이 말은 단의 귀에 들어오지 않았다. 단은 진 시황제에게 하루빨리 원수를 갚을 수 있는 방안을 찾아 나섰다.

마침 진나라의 장수 번어기가 죄를 짓고 연으로 도망쳐 왔다. 진나라의 죄인인 번어기를 연나라에서 어떻게 대하느냐 하는 것은 진나라와 연나라의 관계를 결정짓는 바로미터인 셈이었다. 진에 대한 분노에 사로잡힌 단은 큰 눈으로 국제관계를 바라보지 못한 채 번어기를 보호하기로 마음먹었다.

국무는 단에게 번어기를 보호하는 것은 진나라와 척지는 일이므로 그를 흉노로 보낼 것을 권하며 말했다.

"위험한 일을 하는 것은 안전을 구하려는 것입니다. 그런데 화를 만들어 복이라 생각하고, 얄팍한 계산으로 원망을 깊게 만들며, 뒤늦게 사귄 사람과 이어지고자 국가의 커다란 해로움을 생각하지 않으니, 이는 곧 원망을 북돋아 재앙을 만나도록 돕는 것입니다."

하지만 단은 이 말을 듣지 않고, 오히려 자객 형가에게 시황제를 척살해 달라고 부탁했다.

형가는 시황제를 척살할 계책을 세웠다. 시황제가 좋아할 만한 연나라의 땅을 바치면서 동시에 진나라에서 원수로 여기는 번어기의 목을 가지고 가면 진나라에서 자신을 기뻐하며 받아들일 것이므로 그때를 이용하여 시황제를 척살하겠다는 계획이었다.

그런데 단이 자기가 보호하겠다고 장담한 번어기의 목을 베는 일을 망설이자, 형가는 번어기를 설득하여 자살하게 만든 후, 연나라의 지도와 번어기의 목을 가지고 진나라로 들어갔다.

진나라의 입장에서는 반역자의 목도 받고 땅도 얻는 것이니 형가를 사신으로 환영하지 않을 이유가 없다. 형가는 시황제의 궁궐까지 무사히 들어갔지만 감추어 두었던 비수가 발각되는 바람에 진나라에서 죽었다. 연나라에서는 진나라의 노여움을 풀기 위해 어쩔 수 없이 태자 단의 목을 베어 시황제에게 보내야 했다.

사람이 살다 보면 크건 작건 화가 날 만한 일을 만나게 된다. 화가 나면 당연히 나를 화나게 한 대상에게 복수하여 되갚아 주고 싶은 마음이 일어난다. 때로는 내가 당한 것보다 더 크게 갚아 주고 싶기도 하다.

그러나 이러한 복수가 잘못하면 더 큰 화를 불러 올 수 있다는 사실을 잊지 말아야겠다. 정말로 원수를 갚아야 하는 일이라면 주도면밀하게 시간을 두고 신중하게 계획을 짜야만 실수가 적다.

그런데 성질 급한 사람들은 흥분의 열기에 휩싸여 얕은 생각과 황당한 계획으로 어설픈 복수를 시도하는 경우가 많다. 이러한 복수심은 십중팔구 재앙을 불러온다. 원망의 씨앗이 재앙을 키워내기 때문이다.

연나라 태자 희단의 작은 원망은 거대한 재앙을 불러왔다. 단의 사사로운 원망은 스스로의 죽음을 불러왔을 뿐만 아니라 결국 연나라가 진나라에 멸망하는 실마리를 만들었다. 그런 점에서 원망을 북돋아 재앙을 불러올 것이라는 국무의 충고는 제대로 들어맞은 말이 되었다.

역사에 와신상담(臥薪嘗膽)이라는 고사가 있다. 원수를 갚는다는 생각을 잊지 않기 위해 장작 위에서 잠을 자고, 집을 출입할 때는 입구에 매달아놓은 쓸개를 핥으며 드나들었다는 이야기다. 복수는 이처럼 눈물겹게 힘들고 어려운 일이다. 단견을 가지고 행하면 반드시 실패할 수밖에 없는 일이다. 얕은 꾀로 일이 성공할 것이라 생각지 말 일이다.

따리를 문 쥐는 구멍으로 들어갈 수 없다

眞人所謂 鼠不容穴 銜窶數者也
진 인 소 위 서 불 용 혈 함 구 수 자 야

《자치통감》권27

진실로 훌륭한 사람이 말한 바 쥐가 굴에 들어가지 못하는 것은 따리를 입에 물고 있어서이다.

전한시대에 양운이라는 사람이 있었다. 벼슬은 광록훈에 이르렀고, 평통후의 작위도 받았으며, 청렴하고 사사로움이 없는 사람이었다. 그러나 성품이 각박하여 다른 사람의 숨겨진 일을 끌어내기 좋아했다. 그러니 자연히 사람들로부터 원망하는 소리를 많이 들었다.

이런 상황에서 당시에 태복 벼슬을 하고 있던 대장락이라는 사람이 고발을 당했다. 대장락은 자기를 고발한 사람이 양운이라고 생각했다. 양운은 평소 남의 잘못을 끄집어내어 까발리기를 좋아하는 사람이었기 때문에 그리 넘겨짚은 것이다.

대장락은 과거에 양운이 했던 말 가운데 문제가 될 만한 것을 골라 상소를 올렸는데, 그가 양운을 고발한 요지는 이러했다.

"양운은 조정을 비난했습니다. 양운이 한연수를 변호할 때 낭중 구상이 그에게 '마땅히 살릴 수 있겠는가?' 하고 물으니 '어찌 일이 쉽겠는가? 곧은 사람이라도 반드시 안전하지는 않은 법'이라 하면서 '진실로 훌륭한 사람이 말한 바, 쥐가 굴에 들어가지 못하는 것은 똬리를 입에 물고 있어서이다.'라고 했다 합니다."

'곧은 사람이 안전함을 보장 받을 수 없는 시대'란 잘못된 시대임을 의미한다. 그런데 황제는 이러한 시대를 만든 최고 책임자다. 그러므로 양운은 황제를 비난하고 있다는 것이 대장락의 상소 내용이었다.

이를 판결해야 하는 우정국은 양운이 황제를 원망하며 요사스럽고 비방하는 말을 했으니, 마땅히 대역부도하다는 의견을 달아 황제에게 올렸다.

양운은 목숨이 위태로운 상황에 처했다. 하지만 한나라 황제인 선제는 두 사람이 서로 다투어 일어난 일임을 알고 둘을 모두 면직시키는 선에서 일을 마무리 지었다.

사람에게는 각자의 능력이 있어, 어떤 일을 할 때 자신의 능력 범위를 넘어설 수 없다. 그러므로 자기 능력의 한계를 안다는 것은 자기가 참견할 일과 참견할 수 없는 일을 구분할 줄 안다는 의미이기도 하다.

양운은 '똬리 문 쥐'에 자신을 빗대며, 한연수를 변호하는 곧은 일은 쥐가 문 똬리처럼 자신의 한계를 벗어나는 일이라 말하고 있다. 그럼에도 불구하고 자신의 목숨을 위협하는 똬리를 물고 곧은 일을 하려 한다는 것이다.

대장락은 이러한 양운의 표현을 낚아채어 고발했다. 이는 곧음의 문제가 아니라, 곧은 사람을 보존하지 못하는 세상과 그 세상의 책임자인 황제를 비난하는 말이라는 것이다.

청렴한 양운은 세상을 청렴하게 만들고 싶어 했지만, 아무런 힘도 갖추지 못한 채 세상의 표적이 되었다. 황제의 사면으로 죽지 않았으니 다행이라 생각되지만, 양운의 입장에서는 억울할 수도 있는 일이다.

그러나 온 세상이 검은데, 저 혼자 흰색으로 살기란 매우 어려운 일이다. 그런 의미에서 양운이 쫓겨난 것은 자업자득이라고 할 수도 있다.

쥐가 자기 몸보다 더 큰 똬리를 물고 있는 한 편안한 굴속으로 들어갈 수 없다. 굴속으로 들어가고 싶다면 똬리를 뱉어야 한다.

이처럼 스스로의 안전을 지키고자 한다면 자기가 감당할 수 있는 만큼만 해야 한다. 그렇지 않으면 '모난 돌이 정 맞는다.'라는 말처럼 예기치 못한 공격을 받을 수 있다.

크고 화려한 무덤은
빨리 파헤쳐진다

是故德彌厚者葬彌薄　知愈深者葬愈微
시 고 덕 미 후 자 장 미 박　지 유 심 자 장 유 미

無德寡知　其葬愈厚　丘壟彌高　宮闕甚麗
무 덕 과 지　기 장 유 후　구 롱 미 고　궁 궐 심 려

發掘必速
발 굴 필 속

《자치통감》 권31

덕을 두텁게 쌓은 사람일수록 장례를 소박하게 지내고, 지혜가 깊은 사람일수록 장례를 간소하게 지낸다. 덕을 쌓은 것이 없고 지혜가 적은 사람은 장례를 후하게 지내니, 봉분을 높이 쌓고 궁궐을 아름답게 치장하면 반드시 빨리 발굴된다.

전한시대 황제인 성제는 장작대장 해만년에게 장차 자신이 묻힐 능의 건설 책임을 맡겼다. 황제는 살아 있을 때 자기가 묻힐 능을 만드는데, 성제는 원래 초릉에 자신의 능을 만들고자 했었다.

그런데 해만년은 초릉보다 훨씬 더 크고 화려한 규모의 창릉을 만들자고 건의하면서 창릉의 공사가 3년이면 끝날 것이라고 장담했다. 그래서 황제도 이를 허락했다.

하지만 창릉의 공사는 5년이 되어도 끝나지 않았다. 원래 능은 주변 환경과 조화롭게 조성되어야 하는 것이었지만 창릉이 위치할 곳은 지대가 낮았기 때문에 막대한 흙을 퍼날라다 땅을 높여야 했다. 또 이를 위해서 백성들의 분묘 1만여 기가 파헤쳐졌으며, 창릉 근처에는 인부들의 이주 마을이 조성되는 지경에 이르렀다. 당연히 비용도 엄청나게 불어났다.

결국 유향이 상소를 올려 황제의 각성을 촉구했다.

"진나라의 시황제는 여산의 기슭에 능을 만들면서 아래로 세 개의 샘물을 막고, 그 위로 봉분을 산처럼 높게 쌓았습니다. 또한 수은으로 만든 강과 바다에 황금으로 만든 오리와 기러기를 띄웠으며, 진기한 보배를 수장했지만 그 화려함은 잠시 뿐이었지요. 항우가 시황제의 능을 불태웠고, 목동들은 그 불을 가져다 비추며 잃어버린 양을 찾다가 결국 모든 것을 태워 버렸습니다. 세상에서 가장 화려했던 무덤은 후세의 영광이 아니라 오욕의 상징이 된 것입니다."

유향은 덧붙여 간언했다.

"덕을 두텁게 쌓은 사람일수록 장례를 소박하게 지내고, 지혜가 깊은

수신(修身) 편

사람일수록 장례를 간소하게 지냈습니다. 그러나 덕을 쌓은 것이 없고 지혜가 적은 사람은 장례를 후하게 지내어 봉분을 높이 쌓고 궁궐도 아름답게 치장하니, 이러한 무덤은 다른 사람의 눈에 잘 띄어 빨리 발굴됩니다."

이에 황제는 창릉 공사를 중단시키고 원래의 초릉을 조성케 했다.

고대 사람들은 죽은 사람의 무덤을 크고 화려하게 만드는 것을 좋아했다. 보통은 아들이 아버지를 위해 무덤을 만들지만, 경우에 따라서는 스스로 자신의 무덤을 미리 장대하게 만들어 놓는 경우도 많았다. 유향이 언급한 진 시황제의 경우가 대표적인 예이다.

하지만 훔쳐갈 물건이 많은 곳에는 반드시 도둑이 출몰한다. 훔쳐 갈 물건이 있는 한 아무리 굳은 방비를 해도 소용이 없는 것이다. 크고 웅장한 능일수록 앞다투어 발굴의 대상이 되지 않는가. 말이 좋아 발굴이지, 무덤의 주인 입장에서 보자면 영원한 안식처가 순식간에 파헤쳐지는 재앙이다.

이처럼 속은 비었으면서도 겉만 화려하게 치장하려 애쓰는 사람을 보면 안타까울 뿐이다. 속에 든 것이 많으면 구태여 드러내려 하지 않아도 자연스러운 기품이 풍기게 마련이다. 이런 기품을 만들어보고자 겉을 화려하게 꾸미는 사람일수록 오히려 천박함이 드러나게 되니, 아이러니가 아닌가.

겉모습은 속 내용을 반영하는 거울이다. 그렇다면 무엇을 먼저 꾸며야 할 것인지 곰곰이 생각해 볼 일이다.

수신
修身

지나친 사랑은
사랑하는 사람을 해치게 만든다

愛之適足以害之
애 지 적 족 이 해 지

《자치통감》 권35

사랑하는 것이 도리어 사랑하는 사람을 해치게 만든다.

전한시대 황제 애제는 부마도위 동현을 특별히 아끼고 사랑했다. 동현은 애제가 궁을 나갈 때 함께 가마를 탔고, 돌아와서는 애제의 곁에서 시중을 들었으며, 애제와 더불어 눕고 일어났다.

　한번은 동현이 애제와 함께 낮잠을 자던 중 애제의 옷소매를 깔고 눕게 되었다. 잠에서 깬 애제는 일어나고 싶었지만 동현이 아직 깨어나지 않았으므로 망설이다가 결국 자기 옷소매를 자르고 일어났다. 이것이 고사가 되어 동성애를 표현하는 '단수지벽(斷袖之癖)'이라는 고사성어가 생겨났다.

　이렇게 사랑해 마지않는 동현이니 애제가 그에게 하사하는 것은 사랑 말고도 많았다. 엄청난 돈은 물론이거니와, 관청 소유의 운하를 끌어다 정원과 연못을 조성한 대저택도 지어 주었다. 황제의 사랑이 이러하니 동현의 집안에 일이 있을 때마다 여러 관청에서 알아서 돈과 물품을 공급하는 지경이 되었다.

　애제는 동현을 항상 궁궐에 두고자 그의 처를 불러들여 궁궐에 머물게 했고, 그의 아버지 동공에게 작위를 내렸다. 그러니 동현의 이름은 한나라의 조정을 들썩거리게 만들 수밖에 없었다.

　정숭은 황제에게 동현에 대한 총애가 지나침을 간했다가 오히려 죄를 물어 문책을 받았다. 이제는 아무도 애제에게 동현을 멀리하라고 말할 수 없게 되었다.

　그때 마침 일식이 일었다. 일식은 양이 쇠하고 음이 강할 때에 나타나는 현상으로, 나라에 어려운 일이 닥칠 거라는 예고라고 이해되던 일이었다. 두려워진 애제는 자신의 행동을 반성하며 인재를 천거하라는 조서를 내렸다. 이에 승상 왕가가 황제에게 봉함편지를 올려 동현을 멀리하라고 충언했다.

"한나라의 5대 황제이신 문제께서는 등통을 총애하여 그에게 구리광산을 주고 돈을 주조토록 하였습니다. 그런데 6대 황제이신 경제가 즉위하신 후 동통은 재산을 몰수당했고, 결국 굶어 죽었습니다.

또 7대 황제 무제께서는 한언을 총애하여 함께 눕고 일어났으며 궁궐을 마음대로 출입할 수 있게 했지만 결국 그는 황태후에게 주살당하고 말았습니다.

이런 예처럼 황제께서 동현을 지나치게 아끼고 사랑하는 것은 결국 앞으로 동현을 위태롭게 하는 일이 될 것입니다. 그러니 앞 시대의 일을 깊이 살피어 동현에 대한 총애를 절제함으로써 그의 생명을 온전하고 편안하게 하십시오."

애제는 몹시 화를 내며 왕가에게 사약을 내리고, 동현에게는 땅을 더 하사했다. 그 후로도 애재는 동현에게 더 높은 관직을 내리고, 그의 친척들에게까지 벼슬을 하사했다.

애제는 동현을 너무 아낀 나머지, 그에게 선위하겠다는 뜻까지 내비쳤다. 이에 대해 왕굉이 반대하고 나서자 애제는 그를 내쫓았다.

이러한 애제가 재위 7년 만에 죽고 말았다. 애제의 장례를 치러야 할 사람은 대사마라는 높은 관직에 있던 동현이었지만, 그는 장례 절차조차 알지 못했다. 이제 그에게 남은 것은 몰락뿐이었다.

황태후가 애제의 장례 절차를 왕망에게 맡기자, 동현은 집에 돌아와 처와 함께 자살했다. 그러나 동현이 진짜 죽었는지 의심한 왕망은 동현의 관을 파내어 감옥으로 옮겼다. 동현의 시신은 감옥에서 확인을 받은 뒤 다시 그곳에 묻혔다.

이처럼 애제의 지나친 동현 사랑에 도리어 그를 해쳤으니, 이때 동현의 나이는 23세였다.

사람을 아끼고 사랑하는 것은 좋은 일이다. 그런데 아끼고 사랑하는 방법에는 여러 가지가 있다. 대부분은 눈앞에서 아껴 주는 것을 좋아하지만, 옛 어른들은 속으로 사랑하라고 말씀하셨다.

누군가를 정말로 사랑한다면 그 사람이 세상에서 홀로 당당하게 독립할 수 있도록 도와주어야 한다. 그러지 못하고 사랑이 지나쳐 정도를 잃게 되면 오히려 사랑하는 이에게 해를 끼칠 수 있다.

어려서 솜이불에 싸여 사랑을 듬뿍 받고 자라면서 당당한 홀로서기를 엄격하게 배운 적 없는 사람은 세상에 나아가 사람들로부터 손가락질 받을 확률이 높다. 승상 왕가는 애제에게 충언하며 "천 사람이 손가락질 하면 병이 들지 않아도 죽는다(天人所指 無病而死)."는 옛 속담을 인용한 바 있다.

요즘은 사랑을 겉으로 표현하지 않으면 안 되는 것처럼 생각한다. 그러나 그 표현이 다른 사람이 보기에 지나치면 주변의 눈살을 찌푸리게 한다. 사랑하는 사람에게 손가락질을 받게 만드는 일이 되는 것이다. 정말 사랑한다면 사랑의 표현을 어떻게 해야 할지 생각해 봐야 할 이유다.

수신
修身

낌새가 보이거든
즉시 움직여라

易稱　見幾而作　不俟終日　吾可以逝矣
역칭　견기이작　불사종일　오가이서의
《자치통감》권37

《주역》에서 이르기를, '낌새가 보이거든 움직일 것이지, 해가 지기를 기다리지 말라.'고 하였는데, 나도 죽을 수 있겠구나!

중국 역사에서 전한, 또는 서한이라 불리는 한나라는 기원전 206년 유방이 세운 왕조다. 애제·성제의 뒤를 이어 9세에 즉위한 평제가 14세의 어린 나이에 자식 없이 죽자, 외척인 왕망은 유씨네 종실에서 두 살배기 유영을 데려다 황제로 옹립한다는 명분을 내세우며 스스로는 가황제로써 섭정을 시작했다.

 왕망이 섭정을 맡자 많은 사람들이 권력을 좇아 왕망에게 붙었다. 왕망은 이런 사람들을 출세시키며 자기편으로 만들어 나가는 한편, 그동안 한나라를 지탱했던 제도를 뜯어 고치기 시작했다. 이는 곧 그가 섭정이 아닌 진짜 황제가 되리라는 징조에 다름이 아니었다.

 진함은 이러한 왕망의 행동이 옳지 않다고 보았다. 그런 와중에 여러 가지 불안한 조짐들이 일어났다. 청렴하고 정직하기로 이름난 곽흠과 장후가 병을 이유로 관직에서 물러난 뒤 고향으로 돌아가 누워 문밖을 나오지 않다가 죽어 버렸다. 또한 귀족들의 전지를 제한하자고 주장했던 하무는 왕망에게 무고를 당한 뒤 자살했으며, 왕망에게 아부하지 않던 포선은 감옥에 갇힌 후 죽었다.

 왕망의 정치 행태가 어떤 것인지 짐작하고도 남을 만한 일이었으므로 진함은 이렇게 한탄했다.

 "《주역》에 이르기를, '낌새가 보이면 움직일 것이지, 해가 지기를 기다리지 말라.'고 하였다. 여기서 머뭇거리다간 나도 곧 죽을 수 있겠구나!"

 그런데 황제에 오른 왕망이 진함을 불러 장구대부로 임명하자, 진함은 고민에 빠졌다. 왕망은 장래가 그다지 밝지 않은 싹이었다. 그런 왕망 밑으로 들어가 그가 망할 때까지 함께 있는 것은 왕망과 함께 자신도 망한다는 뜻이었다. 그렇다면 결론은 자명하지 않은가.

진함은 병을 핑계로 왕망이 내려준 관직을 사양하고 고향으로 돌아왔다. 그리고는 문을 굳게 닫은 뒤 출입을 삼갔다. 진함은 지나간 한 왕조의 달력을 기준으로 제사를 지내고, 집안에 있는 모든 율령과 서적을 거두어 벽장에 감췄다. 그는 왕망이 곧 망하고 한나라 왕조가 다시 부활하리라는 것을 가늠하고 있었던 것이다.

아니나 다를까, 왕망의 신나라는 권력을 잡은 지 15년 만에 멸망했고 한 왕조는 유수에 의하여 다시 세워졌으니, 그가 바로 광무제다. 광무제 이후의 한나라를 후한, 또는 동한이라고 한다.

미래의 사건을 미리 짐작할 수 있다면 얼마나 좋을까. 그만큼 치명적인 실수를 줄일 수 있을 텐데, 안타깝게도 이는 매우 어려운 일이다.

하지만 어떤 일이 일어나기 전에는 반드시 낌새가 있게 마련이다. 이러한 낌새가 느껴진다면 한 발 앞서 미리 대비를 해야 한다.

낌새를 느꼈음에도 움직이지 못하고 미적거리는 것은 현재에 대한 미련이 있다는 뜻이다. 떠난다는 것은 현재의 직위, 재산, 명성 등을 버려야 하는 일이기 때문이다.

하지만 떠나야 함을 알려주는 낌새가 나에게 주어졌다면 갖가지 미련은 과감히 떨쳐버릴 수 있어야 한다. 그래야 미래를 향해 떠날 수 있다. 현재에 발목을 잡혀 머뭇거리는 순간, 미래는 갑자기 등 뒤로 떨어져 버릴 수도 있기 때문이다.

수신 修身

겸손해야
뒤끝이 좋다

臣光曰　易稱　勞謙君子　有終吉
신 광 왈　역 칭　노 겸 군 자　유 종 길

《자치통감》권60

신 사마광이 말씀드리건대,《주역》에서는 '수고를 하고도 겸손한 군자는 끝맺음이 길하다.'고 하였습니다.

후한 말, 동탁은 무력으로 조정을 지배하고 있었다. 당시 형식상 최고 행정 책임자였던 사도 왕윤은 사예교위 황완과 복야 사손서, 상서 양찬 등과 은밀히 동탁을 죽이기 위한 모의를 했다.

동탁은 여포를 양아들로 삼아 총애하고 신뢰하며 자신의 호위를 맡겼다. 하지만 성격이 강하고 편협한 동탁은 여포가 작은 실수를 했을 때 화를 참지 못하고 창을 빼어 던졌다. 여포가 창을 재빨리 피하고 자신의 잘못을 사죄하여 동탁의 마음은 금방 풀어졌지만, 이 일로 여포는 동탁에게 은근히 원한을 품게 되었다.

평소 여포에게 잘해 주었던 왕윤은 이 기회를 틈타 동탁의 암살 계획을 여포에게 알렸다. 여포는 그들에게 회유되어 동탁을 죽이는 데 합의했다.

왕윤은 사손서로 하여금 동탁을 죽이라는 황제의 조칙을 쓰게 하고, 이를 여포에게 주었다. 이는 황제의 조칙을 위조한 것으로, 왕윤은 혹시 나중에 밝가더었을 때 책임을 회피하려는 비겁한 마음에서 사손서에게 이 일을 떠맡긴 것이었다.

여포는 이 조칙을 들고 위장한 10명의 병사들과 함께 기다리다 동탁의 목을 베었다. 여포는 동탁을 죽인 공을 내세우며 자만에 빠졌지만, 왕윤은 그런 여포를 한낱 검객으로 치부하며 무시했다. 동탁이 제거된 이상 환난은 일어나지 않을 것이라 생각하고 교만해진 것이다.

왕윤은 동탁을 죽인 공로를 혼자서 독차지하려 했다. 왕윤은 동탁을 제거한 공로로 작위를 받고 조정의 정치를 좌지우지 했지만, 그를 보좌하며 황제의 조칙을 써서 공을 세운 사손서는 오히려 자기의 공로를 모두 왕윤에게 돌리고 열후의 책봉을 받지 않았다. 어찌 보자면 사손서는 자기 밥그릇을 챙기지 못한 셈이었다.

이처럼 권력을 갖는 데 급급했음에도 불구하고 왕윤은 정치력을 발휘하지 못했다. 왕윤은 처음에 사손서와 의논하여 동탁을 추종하던 군사들을 사면키로 했지만, 곧 의심에 사로잡혀 사면을 철회하고 군대를 해산시켰다. 관동과 양주의 전통적인 동서 대립문제를 정치적으로 풀지 못하고, 그저 자기와 가까운 관동 사람들의 의견에 따른 것이다.

그런데 이 일이 백성들 사이에서 양주 사람들을 모두 죽인다는 말로 와전되었다. 이각을 비롯한 동탁의 부하였던 장교들이 장안으로 사자를 파견하여 사면을 청구했지만 왕윤은 이를 허락하지 않았다.

낙심한 채 고향으로 돌아가는 이각을 만난 가후는 함께 힘을 모아 장안을 공격하여 동탁의 복수를 하자고 제안했다. 그들은 맹약을 맺은 뒤 군사 수천 명을 인솔하여 장안으로 향했다. 그들이 가는 길을 따라 군사가 모여들어 장안에 이를 즈음에는 무려 10여만 명이 되었다.

이각의 군대가 장안성을 공격해 들어오자, 왕윤은 황제를 내세워 그들의 반역죄를 묻고자 했다. 하지만 이각은 황제에게 자신들은 동탁의 복수를 하려는 것일 뿐이므로 사도 왕윤만 내보내 달라고 청했다.

궁지에 몰린 왕윤은 천하에 사면령을 내리고 이각을 양무 장군으로, 곽사를 양렬 장군으로 삼았다. 이각과 곽사는 왕윤과 그의 패거리인 좌풍익 송익과 우부풍 왕굉을 잡아 죽이고, 왕윤의 처자도 모두 죽였다. 황제인 헌제도 이각의 군영으로 잡혀가서 이리저리 끌려 다녀야 했다.

이처럼 한 치 앞도 내다 볼 수 없는 싸움판에서 사손서는 죽음을 면했다. 동탁을 제거하는 데 큰 공을 세웠지만, 그 공을 모두 왕윤에게 넘졌기 때문이다.

　이 사건에 대해 사마광은 《주역》을 인용하여 "수고를 하고도 겸손한 군자는 끝맺음이 길하다."라고 논평했다. 사손서는 공를 세우고도 내세우지 않아 자신의 몸을 보호했으니 '지혜롭다'는 것이다.

　사람이 어떤 수고를 한다면 그에 대한 대가를 받고 싶은 것이 당연하다. 수고를 하고도 대가를 받지 못한다는 것은 억울한 일이기도 할 뿐만 아니라 그 대가를 제대로 챙겨 받지 못하면 바보 취급을 당하기도 한다. 때로는 자기의 수고가 실제보다 더 크게 비치기를 원하는 경우도 있다. 수고는 적게 했지만, 실제보다 더 많이 수고한 것으로 알려지면 더 많은 대가를 받을 수 있을 것이기 때문이다. 약삭빠른 사람들은 이런 일을 잘 한다.

　그러나 그 반대의 경우도 있다. 공은 많이 세웠지만 그에 합당한 대우를 받는 데는 굳이 연연해 하지 않는 사람도 있다. 보상을 받는다면 오히려 경생자들에게 실시의 대상이 되어 도리어 위태로워질 수가 있기 때문이다.

　이런 이유로 자기가 한 일을 밖으로 말할 때는 상황을 잘 살펴본 후 자랑스럽게 말할 것인지 겸손하게 말할 것인지 판단해야 한다. 이런 일은 시대가 매우 유동적일 때일수록 유념해야 한다. 왕윤처럼 다른 사람의 공로까지 긁어모아 자신의 공로탑을 쌓았다가, 그 탑이 무너지면서 결국에는 불행으로 빠지는 사람들이 있기 때문이다.

　자랑의 끝은 날카롭고 위태롭다. 그러나 겸손의 끝은 단단하고 안전하다. 어떤 것이 지혜로운지 올바르게 판단해 보기로 하자.

> 수신
> 修身

헤어진 지 3일 후면
못 알아볼 정도로 바뀌어 있어야 한다

士別三日　即更刮目相待
사 별 삼 일　즉 갱 괄 목 상 대

大兄何見事之晚乎
대 형 하 견 사 지 만 호

《자치통감》 권66

선비는 헤어진 지 3일 후에는 즉시 괄목상대할 만큼 바뀌어야 하는 법, 대형께서는 어찌 이리 발견하는 일이 늦으셨습니까?

후한 말, 손권은 소주 지역으로 자기 세력을 넓혀가고 있었다. 손권의 부하인 여몽은 전투에서 아주 용맹하고 훌륭한 장수였는데, 어느 날 손권으로부터 이런 말을 들었다.

"경은 지금 현직에서 업무를 관장하고 있으니 공부를 하지 않으면 안 되오."

여몽은 손권의 말을 잘 이해하지 못했다. 자기가 관장하는 군대 업무가 얼마나 많은데, 거기에 덧붙여 공부까지 하란 말인가? 여몽은 손권에게 일이 너무 바빠 공부할 틈이 없다고 대답했다.

그러자 손권이 말했다.

"내가 어찌 경에게 경전을 익혀 박사가 되라고 하겠는가? 다만 마땅히 알아야 할 과거의 일을 보라는 것이다. 경이 업무가 많다고 하는데 그 양이 과연 나만큼 되겠는가? 나는 항상 책을 읽는데 그것이 큰 도움이 된다."

손권은 당시에 조조 및 유비와 대결하면서 모든 업무를 총괄하고 있고, 여몽은 겨우 한 부대만을 관장하고 있었으니 아무리 여몽의 업무가 많다 한들 손권만큼 많을 수는 없는 일이었다. 여몽은 더 이상 손권에게 바쁘다는 핑계를 댈 수 없어 마음을 다잡고 공부를 시작했다.

얼마 후 노숙이 여몽이 있는 심양을 지나가게 되었다. 노숙은 손권의 장군이자 모사로, 뛰어난 안목과 학식을 지닌 사람이다. 손권은 노숙의 방략을 받아들여 조조 및 유비와 함께 천하를 나누어 갖는다.

그러한 노숙이 여몽을 만나 천하의 일을 두고 의견을 교환하다가 깜짝 놀랐다. 눈앞에 있는 여몽은 자기가 알고 있었던 예전의 그 여몽이

수신(修身) 편

아니었다. 여몽의 해박한 지식과 수준 높은 견해, 폭넓은 안목이 노숙을 놀라게 한 것이다.

"경의 재주와 지략을 보니 예전 오에 있던 아몽이 아니구먼."

아몽은 여몽의 애칭이다. 천하의 모사꾼 노숙이 여몽을 칭찬한 것이다. 이 말은 들은 여몽이 우쭐해 하며 대답했다.

"선비는 헤어진 지 3일 후에는 즉시 괄목상대 할 만큼 바뀌어야 하는 법, 대형께서는 어찌 이리 발견하는 일이 늦으셨습니까?"

'괄목상대(刮目相對)'란 눈을 비비고 자세히 본다는 뜻으로, 갑자기 학식이나 재주가 늘어 놀라워 할 때 쓰는 말이다. 헤어진 지 3일만 되어도 그동안 공부한 것이 사람을 바꿔 놓는 법이다. 그런데 노숙은 여몽을 오랜만에 만났으니 그동안 열심히 공부하여 쌓은 여몽의 재주와 지략을 짐작하지 못한 것이 당연하다. 여몽은 으쓱한 마음으로 노숙을 놀리고 있는 것이다.

이 일을 계기로 노숙과 여몽은 친형제 같은 우의를 나누었다. 여몽은 나중에 유비의 부하 장수 관우에게 승리를 거두는 인물이다.

천하의 영웅 관우를 사로잡은 여몽이 하루아침에 나타난 것은 아니다. 항상 공부하라는 손권의 충고를 듣고 발분하여 노력한 결과이다.

요즘 우리 사회에는 책 볼 시간이 없다고 변명하는 사람이 많다. 먹고, 즐기고, 속이고, 싸울 시간은 있어도 삶에 대한 지혜와 안목을 기를 수 있는 책 읽을 시간은 없다는 것이다.

그러니 여기서 다시 한 번 여몽의 괄목상대 고사를 새겨보면 어떨까? 정말 우리에게는 책 읽을 시간이 없는 것일까?

수신
修身

굽힐 줄 알아야
펼 수도 있다

夫能屈以爲伸　讓以爲得
부 능 굴 이 위 신　양 이 위 득

弱以爲强　鮮不遂也
약 이 위 강　선 불 수 야

《자치통감》 권73

무릇 능히 구부릴 수 있어야 펴게 되고, 양보해야 얻게 되며, 약함을 통해 강해지니 이로써 성공하지 못하는 사람은 드물다.

삼국시대 위나라 황제가 인재를 추천하라는 명령을 내리자 사마의는 연주 자사 왕창을 천거했다. 왕창은 모든 일을 신중하고 후하게 처리하는 사람이었다.

이런 인품은 그가 작명해준 이름에서도 잘 나타난다. 왕창은 형의 아들 형제의 이름을 '묵(黙)'과 '침(沈)'으로 지어주고, 자기 아들 이름은 '혼(渾)'과 '심(深)'이라 지었다. 그는 조카와 아들에게 편지를 써 작명의 의미를 알려 주었다.

"내가 너희 네 명에게 이런 이름을 지어준 데에는 깊은 뜻이 있다. 너희들은 자신의 이름을 돌아보면서 의로운 것을 생각하고, 감히 이것을 위반하거나 초월할 생각을 하지 않았으면 한다.

사물은 빨리 성숙하면 빨리 망하게 마련이고, 천천히 성숙하면 끝이 좋은 법이다. 아침에 화려하게 피어난 풀은 저녁이면 떨어지지만 소나무나 잣나무의 무성함은 매서운 추위에도 쇠락하지 않는 법이니, 군자는 속히 됨을 취하는 무리를 경계해야 한다.

무릇 능히 구부릴 수 있어야 펴게 되고, 양보해야 얻게 되며, 약함을 통해 강해지니 이로써 성공하지 못하는 사람은 드물다.

훼방하는 것과 칭찬하는 것은 아끼는 것과 미워하는 것의 근원이며, 화와 복의 기틀이기도 하다. 공자께서는 "내가 다른 사람에 대하여 누구를 훼방하고 누구를 칭찬하던가?"라고 물으셨다. 성인이신 공자도 이렇게 하셨거늘 하물며 보통 사람에 불과한 이가 어찌 가벼이 다른 사람을 비난하거나 칭찬하겠는가.

만약 다른 사람이 나를 헐뜯는다면 마땅히 물러나 스스로 그 이유를 찾아야 할 것이다. 내가 비난받을 행동을 했다면 그 사람의 비난은 당연한 것이며, 내가 비난받을 행동을 하지 않았다면 그가 망령된 것이다.

만약 내가 비난받을 행동을 하지 않았다고 하더라도 비난한 사람을 원망해서는 안 된다. 그의 망령된 말은 내게 아무런 손해도 끼치지 못하기 때문이다. 손해가 없으니 어찌 보복을 하겠는가?"

'알묘조장(揠苗助長)'이라는 맹자의 말이 있다. 송나라 사람 하나가 들에 나가 보니 자기 논에 심은 모가 남의 논의 모보다 작게 느껴졌다. 그 사람은 자기 논의 모를 쭉쭉 뽑아 올려 모의 키를 키우려 했다. 땅에 뿌리를 박아 건강하게 자라는 모를 억지로 뽑아 올렸으니 잠시 키는 커 보였을지 모르나 그 농사는 망한 일이 되고 말았을 것이다. 이는 곧 조급한 데서 오는 실패를 지적한 말이다.

성공하기를 바라지 않는 사람은 없다. 무엇을 목표로 하든지 그것을 이루는 것은 보람된 일이다. 이처럼 성공은 좋은 것이기 때문에 빨리 이루고 싶이 하는 것이 보통 사람들의 바람이다. 그러니 너무 성급히 성공을 쫓는 것은 오히려 실패의 지름길로 내달리는 것과 같다.

이름은 단순히 부르기 위한 도구가 아니라, 인생을 살아가는 뜻이 담겨 있는 그릇이다. 왕창이 지은 이름자를 보면 '침묵(沈黙)'과 '혼심(渾深)'이다. 침묵이란 '아무 말도 없이 잠잠히 있는' 것이고, 혼심은 '섞이어 깊이 가라앉는 상태'를 말하는 것이니, 매사에 신중하고 깊이 있게 행동하라는 의미로 재빠르고 약삭빠르게 나서지 말라는 뜻이다.

따라서 그가 가장 경계했던 것은 무조건 빨리 이루고자 하는 '속성(速成)'의 태도였다. 특히 다른 사람을 쉽게 평론하지 말라고 당부했는데,

이는 경솔한 말이나 행동을 하지 말라는 의미였다.

  이런 이유에서 왕창은 자식들에게 성공하기 바란다면 먼저 이와 반대되는 행동을 하도록 충고했다. 성공은 자신의 뜻을 널리 펼치는 일이지만, 이를 위해서는 먼저 굽힐 수 있어야 한다고 했다. 뿐만 아니라 성공은 무엇을 얻으려고 하는 일이지만 얻으려면 먼저 양보해야 하는 것이며, 성공으로 강해지고 싶어 하지만 이를 위해서는 먼저 약해져 보라는 반전의 이치를 가르친 것이다.

부유하고 귀하게 되면
위기를 만날 수 있다

貧賤常思富貴 富貴必履危機
빈 천 상 사 부 귀　부 귀 필 리 위 기

《자치통감》권116

가난하고 천할 때는 항상 부유하고 귀하게 될 것을 생각하지만, 부유하고 귀하면 반드시 위기를 겪는다.

동진시대에 제갈장민이란 사람이 있었다. 그는 후에 동진으로부터 선양을 받아 송(宋)나라를 건국하는 유유의 참군이었다. 그러므로 유유가 가장 믿는 사람 가운데 하나라고 할 수 있다.

　동진 말년에 환현이라는 사람이 반란을 일으키자 유유는 유의·하무기 등과 환현을 토벌하게 되었다. 유유는 제갈장민에게도 날짜를 지정하여 환현을 공격하라고 했는데, 제갈장민은 시간을 지키지 못하는 바람에 오히려 포로가 되었다. 이처럼 이길 수 있는 전투에서 지고 포로가 되었음에도 유유는 기꺼이 와서 구원하고 새로운 직함까지 주었다.

　유유는 남연을 정벌하러 가면서 제갈장민에게 도읍을 방어하는 책임을 맡겼다. 제갈장민은 이 기회를 이용하여 탐욕스럽고 사치한 생활을 즐기며 불법적인 행동도 서슴지 않았다. 그러면서도 한편으로는 유유가 이 사실을 알까 두려워했다.

　그때 오두미도를 믿는 노순이 반란을 일으켜 도읍을 위협하자, 조정에서는 유유에게 이를 막으라고 명령했다. 유유는 그들이 만만한 세력이 아니니 자신이 돌아갈 때까지 기다리라고 했다. 하지만 유유와 함께 환현을 쳤던 유의가 자신이 진압할 수 있다며 전투에 나섰다가 상락 전투에서 대패하고 말았다.

　유의는 겨우 살아났지만 그가 나라에 끼친 손해는 컸다. 유의는 죄를 청할 수밖에 없었는데, 실권을 쥐고 있던 유유는 오히려 유의를 위로하면서 장군으로 임명하고 노순의 세력을 격파했다. 유유에게 체면을 구긴 유의는 오히려 유유를 배반했다가 유유의 공격을 받게 되자 자살하고 말았다.

이러한 사실을 알게 된 제갈장민은 예전에 유방이 팽월과 한신을 차례로 죽인 것을 떠올리며 유의 다음으로 자기 차례가 될지도 모른다고 생각했다.

제갈장민이 불안해하자 유목지가 타일렀다.

"유유 공이 강을 거슬러 올라가 먼 곳까지 정벌하러 떠나면서 늙으신 어머니와 어린 자녀를 남겨두고 갔는데, 장군을 믿지 않는다면 어찌 이런 일을 할 수 있겠습니까?"

즉 유유가 제갈장민을 믿기 때문에 자기의 부모와 가족을 도읍에 남겨 두고 정벌을 떠날 수 있었으며, 그렇기 때문에 유유가 돌아오더라도 제갈장민에게 죄를 주지 않을 것이라고 말하고 있는 것이다.

유목지의 말을 들은 제갈장민은 조금 안심이 되었다. 그러나 곧 그의 동생인 제갈여민이 찾아와 유유가 돌아오기 전에 거사를 해야 한다고 주장했다.

제갈장민은 서로 다른 두 주장에 이러지도 못하고 저러지도 못한 채 신세 한탄만 했다.

"가난하고 천할 때는 항상 부하고 귀하게 될 것을 생각하지만, 부하고 귀하면 반드시 위기를 겪게 되는구나. 오늘이라도 나는 내가 다스리던 단도 지방의 평민이 되고 싶지만, 어찌 그렇게 될 수 있겠는가?"

결국 제갈장민은 반란을 의심한 유유의 계략에 빠져 동생들과 함께 목숨을 잃고 말았다.

제갈장민의 한탄은 《주역》에 나오는 건괘 상구(上九)의 효사 '항룡유회(亢龍有悔)'에 해당한다. 하늘 끝까지 올라간 용은 더 이상 올라 갈 곳이 없으므로 결국 떨어질 수밖에 없듯이 부귀가 극에 이르면 몰락의 위험이 있음을 경계하는 말이다.

제갈장민은 당시 최고 권력자의 신임을 받았지만 이를 남용하여 자기가 원하던 부귀를 마음껏 누린 다음에야 위기를 깨달았다. 하지만 우리는 이 이야기를 통해 '복이 지나면 화가 온다.'는 경계를 겸허하게 받아들여야 한다는 교훈을 배울 수 있다.

정상은 영원히 머물러 살 수 있는 곳이 아니다. 정상은 반환점이다. 일단 밟고 난 후에는 반드시 돌아서 내려와야 한다. 정상에 오를 준비만 하고 가면 내려올 때 무슨 일이 일어날지 알 수 없다. 그러므로 정상에 오를 때는 반드시 내려올 준비까지 하고 가야 하는 것이다.

청렴하면 만족할 줄 알아 걱정거리가 없다

廉者足而不憂 貪者憂而不足
염자족이부우 탐자우이부족

《자치통감》 권267

청렴한 사람은 만족하여 걱정하지 않고 탐욕한 사람은 걱정하면서 만족하지 못한다오.

5대10국 시대에 있었던 이야기다. 10국 가운데 전촉을 세운 사람은 왕건이다. 그는 원래 무뢰배였는데 황소의 난이 일어났을 때 군대에 들어가 공을 세우고, 당나라의 실력자였던 환관 전령자의 양자가 되었다. 그 덕택에 차근차근 세력을 펼치다가 성도에 있던 검남서천절도사 진경선과 양부 전령자를 살해하고 성도를 장악했다.

　이후 당나라로부터 촉왕의 지위를 하사받았으나 주전충이 당나라를 무너뜨리고 후량을 세우자 이에 반대하여 스스로 칭제하며 전촉을 세웠다. 칭제란 스스로 황제가 되었다고 하면서 모든 일을 황제처럼 하는 행위를 일컫는 말이다. 왕건은 스스로 왕이 아닌 황제가 되었다고 선언한 것이다.

　왕건은 무너져가는 당나라를 구하기 위해 노력했지만 여의치 않았고, 결국 당이 망하자 신하들과 함께 칭제를 논의할 때 모든 사람들이 이렇게 말했다.

　"대왕께서는 당에 충성했으나 당이 이미 망했으니, 이는 이른바 '하늘이 주어도 갖지 않는 것'입니다."

　이때 풍연이 홀로 왕건에게 칭제할 것을 청했다. 왕건은 처음에 사양하는 척하다가 풍연이 거듭 권고하자 사흘 동안 슬프게 통곡하며 당나라에 대한 예의를 차린 후 스스로 황제의 자리에 나아가 국호를 대촉이라 천명한 것이다.

　그런데 왕건의 양자인 촉주 자사 왕종변이 몸에 아프다는 이유로 벼슬을 내놓았다. 보통은 자기의 양부가 황제가 되었으니 탄탄한 출세가도를 꿈꾸며 좋아해야 할 일이건만, 어찌 된 일인지 왕종변은 벼슬을 내놓고 성도로 돌아와 문을 닫고 나가지 않았다. 이는 자기 양부의 칭제를 못마땅하게 생각한다는 무언의 표시였다.

왕건은 왕종변의 사직을 앙탈로 받아들였다. 그동안 많은 공로를 세 웠음에도 높은 관직을 주지 않아 원망하는 마음으로 사직한 것이라 생각한 것이다. 그리하여 검교태보라는 높은 벼슬을 주었으나 왕종변은 굳게 사양하고 받지 않았다. 그리고 사람들에게 이렇게 말했다.

"청렴한 사람은 만족하여 걱정하지 않지만, 탐욕스러운 사람은 걱정은 하면서 만족하지도 못하지요. 나는 소인으로 지위가 여기까지 왔으니 만족합니다. 그러니 어찌 나아가고자 하는 일을 그침 없이 할 수 있겠소?"

왕종변은 자기의 원래 처지를 생각하여 이것으로 만족한다고 말하고 있지만 속내는 사뭇 달랐다. 의심 많은 왕건 밑에 있다가는 언제 어떤 화를 만날지 모르는 일이기 때문에 미리 거리를 두고 멀어진 것이다.

왕건은 호부시랑 장격을 중서시랑 동평장사로 삼아 재상의 자리에 올렸다. 장격은 왕건의 생각에 영합하며, 자기보다 나은 사람이 있으면 계책을 세워 제거해 버렸다.

하지만 이런 탐욕스러움이 과연 얼마나 가겠는가. 장격은 왕건의 후사와 후비 문제를 다루며 여러 사람과 사이가 나빠졌다. 결국 그는 재상에서 좌천되어 무주 자사로 갔다가 또 다시 좌천되어 유주사호가 되었다. 재상에서 말단관원으로 직위가 곤두박질친 것이다. 그리고는 또 사천성 무현 서북쪽에 있는 합수진으로 옮겨져 은밀한 감시 아래 놓이는 신세가 되었다.

수신(修身) 편

누구든 스스로 자기가 가지고 있는 것이 충분하다고 만족하기는 쉽지 않다. 그래서 '자족(自足)'이란 말은 사람이 행해야 하는 수양의 목표가 되기도 한다. 이 이야기에서는 왕종변이 그런 사람이다.

하지만 보통 사람의 경우는 무언가 항상 모자란다는 걱정이 생겨 만족하기가 어렵다. 그 모자란 것을 채우려면 더 많은 것을 가져야 하기에 밤낮으로 애를 쓴다. 그러니 항상 걱정에 싸일 수밖에 없다.

장격도 그런 사람이었다. 재상의 자리에 올랐지만 자기보다 더 잘난 누군가에게 자리를 빼앗길까봐 전전긍긍했고, 그 결과 많은 사람들을 적으로 만들었다. 그리고는 결국 이미 가졌던 것을 내어놓으며 끝없는 나락으로 추락하는 지경에 이른 것이다.

걱정에서 벗어나고 싶다면 지금 내가 가지고 있는 것들을 소중하게 돌아보고 최선을 다하여 가꿈으로써 만족할 줄 아는 자족의 삶을 실천해야 한다.

제가齊家편

제가
齊家

집안을 바로잡아야
천하가 안정된다

正家而天下定矣
정 가 이 천 하 정 의

《자치통감》권29

집안을 바로잡으면 천하는 안정된다.

전한시대에 무제의 증손자인 선제는 권력자인 곽광의 눈치를 보며 우여곡절 끝에 황제가 되었지만, 그의 아들 원제 유석은 비교적 큰 문제 없이 황위에 올랐다.

편안하게 자란 원제는 유학을 열심히 공부했으며, 유가에서 지향하는 도덕 정치를 실현하고 싶어 했다. 그래서 아버지인 선제의 정치 제도를 고쳐 황제를 알현하기 쉽게 만들었는데, 이로써 사람들은 저마다 황상의 뜻을 얻었다고 생각했다.

원제는 황후와 태자가 있었지만, 비빈인 부 소의와 그녀의 아들인 제양왕 유강을 특별히 아꼈다. 그런데 그 정도가 너무 심하여 황후와 태자에 대한 사랑보다 더했다.

이러한 원제의 태도는 분란의 씨앗을 잉태하는 것에 다름이 아니었다. 세월이 흘러 태자가 황제가 되면 아버지의 사랑을 독차지했던 배다른 동생을 고까워 할 것이니 말이다. 그러므로 원제는 아들들의 싸움을 만들이기고 있는 셈이었다.

그리하여 태자소부 광형이 상소를 올려 황제에게 경계토록 했다.

"신이 듣건대 난을 다스리고 위험을 다잡는 기틀은 마음을 쓰는 바를 살피는 데 있습니다. 대개 천명을 받은 왕은 대업을 새로 열어 왕통을 후손에게 내려주고, 이를 무궁하게 전하는 것에 힘을 쏩니다."

이렇게 시작한 후에 다음과 같이 끝을 맺었다.

"예라는 것은 성정을 탐구하여 밖으로 내보이는 것입니다. 성인은 움직이거나 가만히 있거나 노는 것에서도 예를 지키고 사물을 대할 때도 순서를 지킵니다. 그러니 마땅히 친해야 하는 사람을 멀리하고, 마땅히 높여야 할 사람을 낮추면 재주를 피우는 간사한 사람이 때에 맞추어 움직여 국가를 어지럽히게 되는 것입니다.

성인은 이러한 분란의 실마리를 신중하게 막아야 합니다. 전해지는 책에서도 '집안을 바로잡으면 천하는 안정된다.'라고 하였습니다."

광형은 원제에게 황제로서 해야 할 일은 천하를 안정시키는 일이며, 그 일은 집안을 바로 다스리는 것에서부터 시작해야 한다고 말하고 있다. 즉 집안의 질서를 해치게 될 일을 하지 말라고 충언한 것이다.

광형이 인용한 '전해지는 책'은 《주역》이다. 여기서 인용한 "집안을 바로잡으면 천하가 안정된다."는 말을 풀이해 보면 "집안의 질서를 바로잡으면 모든 것의 질서를 잡을 수 있게 되므로 천하가 안정된다."는 뜻이다.

질서는 평화의 첫걸음이다. 그래서 부모 된 사람들은 자식들의 질서를 바로잡아 주는 것이 무엇보다 중요하다. 원제가 비빈 모자를 계속 편애한다면 지금의 태자가 장차 황제가 되었을 때 모진 풍파가 몰아닥칠 수 있다. 아버지에게 사랑받았던 배다른 동생을 황제가 얼마나 아끼겠는가? 원수처럼 생각하지만 않아도 다행이라 할 것이다.

원제는 천하를 안정시켜야 하는 황제의 책무를 수행해야 하는데 이를 위해서는 먼저 집안을 바로잡아야 한다. 즉 태자를 더 아끼면서 그에게 배다른 동생들을 잘 챙겨야 한다는 어른으로서의 교육을 해야 하는 것이다. 이렇게 집안의 질서를 올바르게 지키는 것이 진정으로 아끼는 비빈 모자를 제대로 지키는 길이다.

이는 집안의 가장된 사람이 반드시 새겨두어야 할 교훈이다.

제가
齊家

가문이 고귀하다는 것은
두려워해야 할 일이다

凡門地高　可畏不可恃也
범 문 지 고　가 외 불 가 시 야

《자치통감》 권259

무릇 가문의 지위가 고귀하다는 것은 두려워할 일이지 믿을 만한 일이 아니다.

유(柳)씨 가문은 당나라 말기에 100여 년 가까이 명문으로 손꼽혀온 집안이다. 그들은 대대로 효도하며 우애하는 예법을 잘 지키는 것으로 사대부 중에 으뜸이었다.

이 집안의 후손인 유자가 어사대부가 되자 황제는 그를 재상으로 임명하려 했다. 하지만 환관들이 그를 싫어하여 오랫동안 밖에서 귀양살이를 했다.

유자는 일찍이 집안 자제들에게 이런 훈계를 했다.

"무릇 가문의 지위가 고귀하다는 것은 마땅히 두려워해야 할 일이지 믿고 의지할 만한 일이 아니다. 만약 한 가지 일이라도 실수가 있게 되면 그 죄는 다른 사람들보다 훨씬 더 무겁고, 죽은 후에라도 지하에 계신 조상님을 뵐 면목이 없게 되는 것이니, 능히 두려워할 만하다.

또한 가문이 고귀하면 교만한 마음이 쉽게 생기고, 가문이 크게 번창하면 다른 사람들의 질투를 받게 된다. 다른 사람들은 우리의 아름다운 품행과 실제적인 재간을 믿지 않지만, 사소한 결함이 있으면 누구든 모두 그것을 지적한다. 그러니 가문은 믿고 의지할 수 없는 것이다.

그러므로 기름진 음식을 먹는 집안의 자제들은 배우는 데 더욱 더 근면하게 노력해야 하며, 행동에 있어서는 더욱 신경을 써야 한다. 그렇게 노력해야 겨우 다른 사람들과 비교할 수 있을 뿐이다."

사람들은 대부분 훌륭한 집안의 좋은 부모 밑에서 태어나기를 바란다. 가문이 좋다면 세상에 나가 일을 하는 데 여러 가지로 도움이 된다고 생각하기 때문이다. 그래서 결혼도 좋은 집안끼리 가려 혼사를 맺으려 한다.

사실 가문이 좋다는 것은 국가와 사회에 책임이 막중하다는 것을 의미한다. 주어진 책임을 다하기 바라는 많은 사람들의 기대와 그로 인한 막중한 부담을 떠안아야 할 뿐더러, 책임을 다하지 못했을 때 쏟아지는 비난도 감수해야 한다. 경우에 따라서는 일벌백계의 본보기로 벌을 받을 수도 있다.

특히 시대의 조류가 급격히 바뀌는 시절에는 좋은 가문이 오히려 화근으로 작용할 수 있다. 가문이 귀할수록 주목을 받게 되기 때문이다.

중국 역사에는 황제의 집안에서 태어나 비극적인 삶을 살았던 사람들의 기록이 많다. 명나라의 마지막 황제인 숭정제는 죽기 전에 자기의 어린 딸을 부여잡고 '네가 왜 황제의 집안에 태어났느냐?'라고 비통해 했으며, 청나라의 마지막 황제였던 부의 역시 황제의 집안에 태어나지 않았더라면 그러한 비극을 몸소 겪지 않고 평범하게 살아갈 수 있었을지도 모른다.

유자는 당나라 때 명문 집안 출신이었다. 그러니 시대는 환관들이 권세를 부리는 세상이었으니 명문가 출신이라는 것이 오히려 부담으로 작용했다. 그래서 유자는 자제들에게 자중하라고 당부한 것이다.

유자가 자제들에게 내린 교훈은 오늘날에도 적절하고 의미 있는 것으로 보인다.

제가
齊家

왕후장상의 씨는 따로 없다

壯士不死則已 死則擧大名耳
장 사 불 사 칙 이 사 칙 거 대 명 이

王侯將相寧有種乎
왕 후 장 상 영 유 종 호

《자치통감》 권7

장사는 죽지 않으면 그만이지만, 죽는다면 큰 이름을 드러내야 한다. 왕후장상의 씨가 어찌 따로 있겠는가!

불로장생을 꿈꾸었던 진나라의 시황제는 죽는다는 말을 싫어했다. 그래서 신하들은 시황제 사후에 처리해야 할 일들을 미리 논의하지 못했다. 병이 깊어진 후에야 시황제는 겨우 중거부령 행부새사 조고에게 명령을 내려 태자 영부소에게 다음과 같은 편지를 보내라고 했다.

　"내가 죽으면 장례에 참석하고, 함양에 모여 장사지내라."

　이 말은 시황제의 유언으로, 태자 영부소를 자신의 후계자로 지명한다는 의미이기도 했다.

　하지만 조고는 이 편지를 영부소에게 보내지 않았다.

　마침내 시황제가 숨을 거두었다. 승상 이사는 변란을 두려워한 나머지 시황제의 죽음을 비밀에 부치고, 마치 황제가 살아 있는 것처럼 식사도 올리고 백관에게 업무를 상주케 했다. 황제가 가장 총애하던 환관은 참수하여 입을 막았다. 시황제가 죽었다는 사실을 아는 사람은 영호해와 조고, 환관 5~6명에 불과했다.

　조고는 이사, 영호해와 모의하여 시황제의 편지를 변조했다. 즉 '대자 영부소에게 보위를 물려주겠다'는 내용을 '태자 영부소에게 자살을 명하고, 영호해를 태자로 세우라'는 내용으로 바꾼 것이다.

　변조된 아버지 시황제의 편지를 받은 영부소는 이 사실을 모른 채 바로 자살했다. 조고는 영호해를 태자로 내세워 시황제의 장례를 지내고 시황제의 충신이었던 몽씨 가문을 말살했다.

　진나라의 2세황제로 즉위한 영호해는 조고의 허수아비가 되어 이리 저리 휘둘렸다. 조고는 영호해를 부추겨 진 시황제의 옛 신하들을 모두 제거했을 뿐만 아니라 법은 엄격하게, 형벌은 혹독하게 바꾸었다.

제가(齊家) 편

사정이 이렇게 되니 종실에서 백성에 이르기까지 모두 두려움에 떨며 도탄에 빠졌다.

황제는 여좌에 사는 사람들을 징발하여 어양의 국경을 지키도록 했는데, 진승과 오광도 이때 징발되어 둔장의 임무를 받았다. 진승과 오광이 900여 명의 사람과 함께 국경으로 가는데, 마침 큰 비가 내려 길이 끊기고 말았다. 진승의 계산으로는 기일 안에 도착하기가 불가능했는데, 만약 그렇게 된다면 모두 참수를 당하게 될 것이 분명했다.

사람들이 모두 근심에 빠지자, 진승과 오광은 사람들을 선동하여 이렇게 말했다.

"어차피 국경 도착 기한은 못 맞추게 되었으니 우리 모두 참수를 당하고 말 것이오. 만에 하나 참수가 되지 않는다 하더라도 국경 경비를 서게 될 터인데, 그렇게 되면 10명 중 6~7명은 죽게 마련이오. 장사들은 죽지 않는다면 그만이지만, 만약 죽는다면 큰 이름을 드러내고 죽어야 하지 않겠소? 왕후장상의 씨가 어찌 따로 있단 말이오!"

사람들이 모두 그를 따르니 진승은 반란군을 이끌고 초나라의 도읍이었던 진성을 점령하고 장초를 세운 뒤 왕위에 올랐다.

우리말에 "콩 심은 데 콩 나고 팥 심은 데 팥 난다."는 말이 있다. 어떤 종자를 심느냐에 따라 결실이 달라진다는 말이다. 이것을 사람에게 적용해 보면 왕의 혈통에서 왕이 나오고 양반의 혈통에서 양반이 나오며 평민의 혈통에서는 평민이 나온다는 말이 된다.

하지만 인간은 세상 만물의 보편적인 원리와는 좀 다른 특성을 가지고 있다. 씨앗과 환경을 초월할 수 있는, 강한 자기 의지의 소유자인 것이다.

　물론 인간도 수많은 사회 관계 속에서 살아가야 하는 존재이기 때문에 마냥 자유롭게 자기 의지를 펼칠 수는 없다. 환경의 영향을 받아야 하고, 관계에 종속되어야 하며, 보편타당한 법과 규범을 준수해야 한다.

　따라서 보편타당한 법과 규범이 인간 제반을 보호해야 하는 스스로의 의무를 지키지 못할 때, 가문이나 혈통 등 씨앗의 관계망이 삶의 가치를 망각할 때, 국가와 사회의 환경이 개인의 삶을 훼손할 때 등은 분연히 일어나 새로운 삶을 향한 질주를 할 수 있어야 한다. 여기에는 왕후장상의 씨가 따로 구분될 필요가 없다.

　평민 출신의 진승은 무능력하고 타락한 국가 권력에 대항하여 분연히 군사를 일으키고, 그 결과 스스로 왕이 되기까지 한다. 이러한 진승의 삶이 또 다른 수많은 삶으로 이어졌다. 그 중의 대표적인 것은 유방이 한을 세워 황제가 된 것인데, 이것은 평민이 황제가 된 첫 번째의 예이다. 왕후장상의 씨가 따로 있지 않다는 것을 입증해 보인 것이다.

제가
齊家

자손에게 허물을 늘려
원망 받게 하고 싶지 않다

且夫富者衆之怨也　吾旣無以敎化子孫
차 부 부 자 중 지 원 야　오 기 무 이 교 화 자 손

不欲益其過而生怨
불 욕 익 기 과 이 생 원

《자치통감》권25

또 무릇 부유함이라는 것은 많은 사람의 원망이 되는 것인데, 나는 이미 자손을 잘 교화시키지 못하였으니, 그 허물을 더 늘려 원망이 생기게 하고 싶지 않다.

전한시대에 소광 부자가 살았다. 소광과 소수 부자는 한나라 원제 때 황태자 유석을 가르치는 직책을 맡았다. 아버지인 소광이 태부였고, 아들 소수가 소부였는데 미래의 권력인 황태자의 스승이었던 만큼 소광 부자의 미래 역시 탄탄대로라고 해도 과언이 아닌 상황이었다.

　그런데 태자가 12살 되던 해, 아버지 소광은 아들 소수에게 이런 말을 했다.

　"내가 듣건대 '만족할 줄 알면 욕된 일이 없고, 멈출 줄 알면 위태로워지지 않는다.'고 했다. 그동안 벼슬살이를 하여 이제 재산이 이천 석에 이르렀고, 높은 관직으로 명성도 이루었는데 지금 물러가지 않으면 후회함이 있을까 걱정이다."

　소광은 노자의 말을 인용하면서 아들에게 스스로 물러날 때가 되었음을 알렸다. 소수도 아버지의 뜻에 따라 사직을 결심했다. 그들은 황제에게 병이 들었으므로 관직에서 물러날 수 있게 해달라고 상소했다. 황제와 태자는 많은 황금을 히사하며 그들을 전별했다.

　고향으로 돌아온 소광 부자는 친족과 옛 친구, 빈객을 초청하여 더불어 즐겼을 뿐, 재산을 늘릴 생각을 하지 않았다. 이를 본 어떤 사람이 자손들을 위해서 황제가 내린 황금으로 무슨 사업이라도 하는 것이 좋지 않겠느냐고 권하자 소광은 이렇게 대답했다.

　"내가 어찌 자손을 생각하지 않겠는가? 내가 예전에 갖고 있던 밭과 집이 있으니, 그 속에서 부지런히 힘을 쏟는다면 먹고 사는 문제를 충분히 해결하며 보통 사람들처럼 살 수 있다.

　그런데 여기에 더 보태어 재산을 늘린다면 이는 자손을 나태하고 타락하도록 가르치는 일이 될 뿐이다. 똑똑한 자손에게 재물이 많으면 그들의 뜻에 손해를 끼치는 일이 되고, 우둔한 자손에게 재물이 많으면 그들의 허물만 더 늘리는 일이 되기 때문이다.

무릇 재물은 많은 사람의 원망을 불러오는데, 나는 자손을 잘 교화시키지 못했으니, 그들의 허물을 늘려 원망을 만들게 하고 싶지 않다. 이 황금은 성스러운 군주가 늙은 신하를 보살피는 은혜로 하사하신 것이니, 마땅히 사람들과 더불어 즐겁게 누리면서 여생을 다하는 데 쓰고자 하는데, 이 또한 옳지 않은가?"

소광의 말에 사람들은 깊이 공감하며 기뻐했다.

사람의 욕심은 끝이 없다. 재물에 대한 욕심은 물론이요, 명예나 관직에 대한 욕심도 차고 넘친다. 그런데 보통은 자기가 이룩한 것을 자손에게 물려주고 싶어 한다. 그 자손이 그것을 지킬 능력이 있는지조차 구분하지 않고 물려만 주면 좋은 것으로 안다.

그런 관점에서 소광의 말은 깊이 새겨볼 만하다. 소광은 '자손을 위해 많은 재산을 남기는 것은 자손을 위한 것이 아니라 오히려 자손을 게으르게 만들어 실패에 이르게 할 것이므로 자기가 번 돈은 다 써 버리는 것이 진정으로 자손을 위하는 일'이라고 주장한다.

눈앞의 것만을 바라보며 얕은 마음으로 자손을 키우려는 사람들에게 소광의 말은 자손을 위하는 새로운 관점을 제시해 주고 있다.

제일 큰 효도는
부모의 마음을 편안하게 하는 것이다

夫至孝之行　安親爲上
부 지 효 지 행　안 친 위 상

《자치통감》권46

무릇 지극히 효성스러운 행동이란 부모를 편안하게 하는 것이 제일이다.

후한의 세 번째 황제인 장제 유달은 어머니인 마 태후에 대한 효성이 지극했다. 장제는 외삼촌들에게 작위를 내려 어머니를 기쁘게 해 드리려 했지만 마 태후는 이를 허락하지 않았다.

마침 한나라에 큰 가뭄이 일어나자 어떤 사람이 그 이유를 황제가 외척들에게 작위를 내리지 않은 탓으로 돌렸다. 장제는 다시 어머니에게 외숙에게 봉작하는 것을 허락해 달라고 간청했다.

이에 마 태후는 다음과 같은 조서를 내렸다.

"무릇 외척이 번성하면 나라가 기울어져 넘어지지 않는 일이 드물었다. 먼저 돌아가신 황제께서는 국가 기밀을 담당하는 지위에 외척을 두지 않았으며, '나의 아들들은 먼저 돌아가신 황제의 아들과 같을 수 없다.'고 하셨다. 그런데 지금 어찌하여 마씨를 광무제의 음 황후 집안에 비교하는가!"

이처럼 마 태후가 완강하게 거부하자, 황제는 슬픔에 잠겨 탄식하다가 다시금 청하는 말을 했다.

"한나라가 일어나고 나서 외삼촌들을 후작에 책봉하는 것은 황제의 아들을 왕으로 삼는 것과 같은 일입니다. 태후께서 겸허하시다는 이유만으로 어찌 저에게 세 분의 외삼촌께 은혜를 베푸는 일을 막으십니까? 그분들은 연세도 높으시고 병환도 있으시니 만약 잘못되신다면 저는 뼈에 사무치는 한을 품게 될 것입니다."

이에 마 태후가 화답했다.

"내가 생각하고 또 생각해 보았는데, 나의 조치는 양쪽을 다 좋게 하려는 것이었소. 행여 내가 겸손하다는 명성을 얻기 위해서 황제로 하여금 외삼촌들에게 은혜를 베풀지 않았다는 비판을 받게 하려고 했겠소?

옛날에 두 태후가 황후의 오빠에게 작위를 주려 하자 승상인 조후가 '고조가 약속하기를 군사적인 공로를 세운 사람이 아니면 후작에 책봉할 수 없다.'고 말하였소.

지금 마씨는 나라에 아무런 공로를 세우지 않았는데, 어찌 음씨나 곽씨와 같이 나라를 부강하게 했던 시기의 황후와 같은 대접을 받을 수 있겠소. 부귀한 집안을 보면 녹봉과 직위가 중첩되어 있으니 이는 마치 1년에 두 번 열매를 맺는 과일나무의 뿌리가 상하게 되는 것과 마찬가지요.

또 외숙들이 후작에 책봉되기를 바라는 것은 위로는 제사를 모시고, 아래로는 따뜻하고 배부르게 먹고자 하는 이유에서 뿐이라오.

그런데 지금 제사에 필요한 물품은 태관에서 내려주는 것을 받고 있고, 입는 것은 어부에서 넉넉히 공급하고 있으니 어찌 이것으로 만족하지 못하고 반드시 한 개의 현을 더 얻어야 한단 말이오?

무릇 지극히 효성스러운 행동이란 부모를 편안히 하게 하는 것이 제일이라오. 지금 나라에 자주 이변이 생기고, 곡식 값도 여러 배로 올라 밤낮으로 근심걱정에 싸여 편히 앉거나 눕지도 못하는데, 외가 사람들에게 작위 책봉하는 일을 먼저 하려고 하니, 이는 어미의 자애로움과 부지런함을 어기는 일이요. 황상은 많은 사람들의 군주시며, 나는 아직 삼년상을 넘기지 않은 탓에 스스로 내 가족에 대한 단속을 했던 것이오.

만약 음과 양이 조화를 이루고 변경 지역이 고요해진다면 그 다음에는 아드님의 뜻대로 시행하시오. 나는 사탕이나 입에 물고 손자들과 놀면서 다시는 정치에 관여하지 않겠소."

이에 장제는 외숙에게 작위 내리는 일을 중지했다.

우리말에 '내리사랑'이라는 말이 있다. 손윗사람이 손아랫사람을 사랑하는 것에 특히 자식에 대한 부모의 사랑을 이르는 말이다.

그러나 전통적인 가치관에서는 부모에게 효도하는 것이 자식을 사랑하는 것보다 앞선다. 자식은 또 낳을 수 있지만 부모는 한 분밖에 없기 때문이다. 그렇기 때문에 전통적인 가치를 중요하게 여기는 가정에서는 부모 앞에서 터놓고 자식에 대한 애정을 표현하지 못하는 경우도 있다.

후한시대는 유학이 국가 교학의 중심이었기 때문에 효도는 아주 중요한 덕목이었다. 국가에서는 효를 깊이 장려하고 교육했으며, 장제는 스스로 이를 실천하고자 했다.

장제는 어머니를 기쁘게 해 드리기 위해 외삼촌들에게 작위를 주려고 했지만, 공로 없는 사람에게 작위를 주는 것은 한나라의 법도에 어긋나는 일이었다. 장제는 효도의 이름을 빌어 옳지 않은 일을 하려고 했던 것이다.

하지만 어머니인 마 태후는 아들이 옳지 않은 일을 하면서 자기를 기쁘게 해 주려고 하는 것을 그대로 받아들이지 않았다. 아들이 잘못된 일을 하게 만드는 것은 어머니로서의 도리가 아니었기 때문이다.

현명한 마 태후처럼 효도나 사랑은 모두 이성적으로 접근해야 한다. 그래야 자식에 대한 사랑과 부모에 대한 효도가 오래 지속될 수 있다.

제가
齊家

형제란 좌우의 손과 같다

兄弟者 左右手也 譬人將鬪而斷其右手
형제자 좌우수야 비인장투이단기우수

曰 我必勝 其可乎
왈 아필승 기가호

《자치통감》권64

형제란 좌우의 손과 같습니다. 비유컨대, 사람이 장차 싸우려고 하면서 오른손을 자르고 말하기를, '나는 반드시 이길 것이다'라고 한다면 가능하겠습니까?

후한 말기에 형주 자사였던 원소의 두 아들 원담과 원상 사이에서 발생했던 일이다. 두 사람은 이복형제였고, 원담이 형이었다. 그런데 원소의 후처는 자기의 소생인 원상에게 원소가 가지고 있던 자사의 자리를 계승하게 했다. 이에 장자인 원담은 앙앙불락할 수밖에 없었다.

　이때에 북쪽에서 양자강 지역으로 세력을 확장하려는 조조가 남하하고 있어서 형주 자체가 위험할 수 있는 상황이 되었다. 조조가 내려오면 형제는 다 위험해지므로 두 사람은 힘을 합쳐 조조를 막으려 했다.

　그러자 조조는 형제간에 싸움이 일어나게 하려고 일부러 공격을 멈추고 때를 기다렸다.

　원담은 아버지의 뒤를 이은 동생 원상에게 조조를 막기 위한 새로운 무기를 달라고 했다. 하지만 원상은 원담에게 무기를 주면 그 무기로 자기를 칠 수 있다고 생각하여 주지 않았다.

　화가 난 원담이 동생을 공격하려는 것을 보고 왕수가 말했다.

　"형제란 좌우의 손과 같습니다. 비유컨대, 사람이 장차 싸우려고 하면서 오른손을 자르고 '나는 반드시 이길 것이다'라고 한다면 가능하겠습니까? 무릇 형제를 포기하여 가까이하지 아니하면 천하의 누구를 가까이하겠습니까?

　저 참소하는 자가 골육 간을 이간질하여 하루아침에 이익을 구하는 것이니 바라건대 귀를 막고 듣지 마십시오. 만약 아첨하는 신하 몇 명을 참수하고 서로 다시 친목하며 사방을 통제하면 천하를 마음대로 다닐 수 있습니다."

　그러나 이 두 사람의 싸움이 그치지 않자, 이번에는 아버지 원소와 동맹을 맺었던 유표가 이들에게 충고했다. 원담에게는 스스로 낮추어 동생 원상을 포용하라 했고, 원상에게는 넓은 도량으로 형을 받아들이라고 한 것이다. 그러나 형제는 유표의 충고도 듣지 않았다.

결국 원담은 조조에게 참수되었고, 원상도 조조를 피해 요서 지역으로 도망했다가 그곳에 있던 공손강에게 죽었다. 원씨 집안은 뿌리째 망한 셈이다.

형제는 한 부모 밑에서 태어나고 자란 사이로, 미운 정과 고운 정을 다 가지고 있다. 그래서 보통의 경우에는 남보다 가까운 사이지만, 이해관계가 상충할 때는 남보다 못한 사이가 되기도 한다.

예컨대 부모가 재산을 남겼을 경우 형제가 이를 상속받게 되는데, 이때 분배를 어떻게 할 것인지, 또는 부모의 재산을 어떻게 이용할 것인지를 두고 형제간에도 의견이 달라지는 경우가 있다. 이와 같은 다른 의견이 원만하게 해결되면 다행이지만, 그렇지 못하면 분쟁에 휘말리게 되는 경우가 발생할 수 있다.

그래서 옛 어른들은 특별히 형제간에 우애(友愛)가 있어야 한다고 가르치고 있다. 우애란 '친구' 또는 '동반자'의 의미를 갖고 있다. 취향이 같은 사람끼리 서로 이해하고 믿으며, 지지하고 돕는 관계에서 서로 교제하는 과정을 통해 자연스럽게 흘러나오는 정감(情感)인 것이다.

그러니 우애는 부모가 자식에게 무조건적으로 베푸는 사랑과는 확실히 다르다. 형제간이라도 취향이 다르면 서로 믿지 못하고 가까이 지낼 수 없으며 심한 경우 등을 질 수도 있다.

사람은 한데 모이면 힘이 커지는 법이다. 누군가와 힘을 합쳐 살아가야 한다면 남보다는 형제간에 힘을 합치는 것이 보다 쉽고 효과적이다. 그런데도 눈앞의 이익을 두고 충돌하여 등을 지고 갈라서는 경우가 있으니, 이렇게 되어 버리면 대외 경쟁력이 떨어져 둘 다 성공하기 어렵게 된다.

그러므로 "형제조차 수용하지 못하는 사람을 누가 가까이 하겠느냐."라는 말은 매우 절실한 것이다. 형제보다 가까운 사람을 찾기란 쉽지 않은 일인데, 원담과 원상 형제는 이 말을 따르지 않았다.

결과적으로 아버지 원소가 남긴 형주는 원담도, 원상도 아닌 다른 사람의 손에 넘어가 버리고, 형제는 이름도 없이 스러져 버렸다. 스스로 오른손을 자르고 살아남고자 한 어리석음의 결과였다.

형제간에는 툭 터놓고 이야기하라

夫仁人之於兄弟 無藏怒 無宿怨
부인인지어형제 무장노 무숙원

厚親愛而已
후친애이이

《자치통감》권16

무릇 어진 사람은 형제에게 화를 감추어 두는 일이 없으며, 원망도 묵혀 둠이 없이 두텁고 친하게 아껴줄 뿐이다.

전한시대 황제인 경제 유계와 그의 동생인 양왕 유무는 친형제로, 원래 아주 가까운 사이였다. 유무는 경제의 정책에 반발한 오·초와 7국이 군사를 일으켜 장안으로 진격했을 때 중간에서 이들을 잘 막아냈다. 그러니 경제로서는 동생인 양왕을 누구보다도 아낄 수밖에 없었다.

　그런데 경제가 태자 유영을 폐출시킨 사건이 일어났다. 태자의 생모가 폐출되는 일이 일어나는 바람에 자연히 유영도 태자 자리에서 폐출되어 쫓겨난 것이다.

　이로써 경제의 후계자 자리가 비게 되자, 양왕 유무는 형님인 경제의 뒤를 잇고 싶어 했다. 두 형제의 어머니인 두 태후도 큰아들인 경제에게 유무를 후계자로 삼으라고 부탁했다.

　득의양양해진 유무는 한나라 안에서 감히 자기의 행동을 말릴 사람은 없을 것이라고 생각했다. 그래서 마치 황제라도 된 양, 법도에 어긋난 짓을 서슴지 않았다.

　경제가 중신들을 모아 유무를 후사로 삼는 문제에 대해 논의하자, 원앙 등을 비롯한 대부분의 신하들이 안 될 말이라며 반대했다.

　이 소식을 들은 유무는 자신이 황제의 후계자가 되는 길을 가로막는 이들을 제거하기로 마음먹었다. 유무는 사람을 불러 모의한 뒤 자신을 반대한 원앙을 포함하여 10여 명의 신하를 죽이고 도적의 짓으로 위장했다.

　그러나 어떠한 범죄이든지 철저히 조사하면 반드시 진범과 그 배후가 드러나게 마련이다. 이 사건 역시 배후가 유무라는 것이 밝혀질 위기에 처했다. 유무의 범죄가 밝혀지면 아무리 황제의 동생이면서 제후왕의 지위를 가진 자라 할지라도 결코 무사할 수 없는 노릇이었다.

경제의 입장에서도 이 사건은 그냥 넘어갈 수 없는 것이었다. 아무리 자기가 아끼는 동생이지만, 후계자가 되려는 마음으로 저지른 살인 사건이었기 때문이다.

양왕 유무는 급박한 위기감을 느꼈다. 어머니인 두 태후가 살아 있는 동안에는 형이 자기를 죽이지 않을 수 있지만, 어머니가 돌아가신 후에는 자신을 죽일 수도 있다는 생각이 든 것이다. 유무는 목숨을 부지할 방법을 찾아야만 했다.

유무는 추양을 장안으로 보내 황제가 총애하는 황후의 오빠인 왕신을 만나 대책을 마련해 줄 것을 부탁했다. 하지만 워낙 큰 사건이었기 때문에 황제의 처남인 왕신도 뾰족한 수를 찾을 수 없었다.

그때 추양이 말했다.

"무릇 어진 사람은 형제간에 화를 감추어 두는 일이 없으며, 원망도 묵혀 둠이 없이 두텁고 친하게 아껴줄 뿐입니다."

추양은 맹자의 말을 인용하여 형제애를 효소함으로써 경제를 설득하라고 말했다.

태후는 양왕의 일을 걱정하여 밥도 먹지 않고 밤낮으로 눈물을 흘리고 있었다. 마침 이 사건의 조사를 맡은 전숙 등이 돌아와 황제를 뵈었는데, 이들은 이미 사건에 관계된 서류들을 모두 불태워버린 뒤였다. 전숙은 황제에게 다시는 그 일을 묻지 말라고 간했다.

"양왕을 잡아 죽이지 않는다면 이는 한나라의 법이 시행되지 못하는 것이 되고, 법으로 그를 잡아 처벌한다면 태후께서 몸져누우실 것인데 이것은 폐하의 근심이 될 것입니다."

경제는 전숙의 말을 따르기로 했다.

양왕 유무가 도끼를 짊어지고 대궐 아래 와서 사죄했다. 죽을 죄를 지었다고 솔직하게 자기의 잘못을 인정한 것이다. 태후와 황제는 크게 기뻐하며 눈물을 흘렸다. 둘은 다시 옛날처럼 되는 듯해 보였지만, 그 후로 경제는 양왕과 두 번 다시 수레나 연을 함께 타지 않았다.

한 부모 밑에서 태어난 형제는 어릴 때 같이 자라며 가까운 사이로 지내지만, 나이를 먹고 분가하여 독립된 생활을 하게 되면 조금은 멀어진다. 그러다가 혹 이해관계가 얽히게 되면 형제간에 다툼이 일어날 수도 있고, 욕심이 발동하면 자칫 형제에게 죄를 짓게 되는 수가 있다.

이러한 일이 벌어지면 형제간이라도 싸움이 벌어진다. 그리고 형제간에 해결할 수 없어서 법정으로 끌고 가는 경우가 생긴다. 이는 서로를 위해 불행한 일임에 틀림없다. 설사 이긴다고 해도 개운할 것이 없고 진다면 더 말할 것도 없기 때문이다.

형제간이나 친지간에 일어나는 불화의 대부분은 솔직하게 잘못을 인정하면 대부분은 원만하게 해결될 수 있는 것들이다. 그런데 이 이야기처럼 솔직하지 못하고 거짓으로 일관하다 보면, 문제를 더욱 키우게 마련이다. 그러니 항상 형제간이나 친척 간에 솔직했는지 돌아볼 필요가 있다.

제가
齊家

인재는 효자의 집안에서 찾아야 한다

求忠臣必於孝子之門
구 충 신 필 어 효 자 지 문

《자치통감》 권46

충성스러운 신하는 반드시 효자가 난 집안에서 찾아야 할 것입니다.

후한 장제 때의 일이다. 조정의 고관들이 업무를 보고하면서 대부분 이렇게 말했다.

"군이나 봉국에서 등용해 보내는 인재들이 대부분 공로에 따라 차례를 정하는 것이 아니어서 직책을 수행하는 데 게으른 사람들이 많습니다. 따라서 관리들이 하는 일도 능률이 떨어져 소홀해지고 있으니, 그 허물은 그들을 등용하는 주와 군에 있다 할 것입니다."

즉 주나 군에서 인재를 선발하여 보내는 일이 제대로 안 되고 있기 때문에 관리들이 제대로 일을 하지 못한다는 것이었다.

황제가 신하들에게 이 일에 관해 논의하게 하니, 대홍려 위표가 다음과 같은 글을 올렸다.

"무릇 나라는 현명한 사람을 선발하는 데 힘쓰고, 현명한 사람은 효행을 가장 중요하게 생각하는 것이니, 충성스러운 신하는 반드시 효자가 난 집안에서 찾아야 할 것입니다.

사람들 가운데 재주와 품행을 둘 다 겸비한 사람은 적습니다. 이런 까닭에 맹공작은 조나라나 위나라의 가신보다 훌륭했지만 등나라나 설나라의 대부 노릇을 잘 할 수 없었습니다.

충성스럽고 효성이 있는 사람은 마음을 두터운 상태로 유지하지만, 훈련만 잘 된 관리는 마음이 각박합니다. 선비는 의당 재주와 행동을 우선으로 해야 하며, 단순히 공적으로만 등급을 매겨서는 안 됩니다."

공자는 《논어》에서 노나라의 대부였던 맹공작은 욕심이 적은 성품이어서 조나라나 위나라처럼 큰 집안의 일을 맡기에는 적합하지만, 등나라나 설나라처럼 작은 나라에 가서 대부의 직책을 맡는다면 매우 번거로워서 감당하지 못했을 것이라고 평가하고 있다. 품행은 좋지만 자잘하고 번거로운 일을 세심하게 처리하는 재주는 없었기 때문이다.

옛날이건 오늘날이건 어떤 일을 맡길 수 있는 사람을 뽑기란 여간 어려운 일이 아닌 듯하다. 일단 사람의 속을 알 수 없으니 먼저 겉을 보고 속을 판단해야 하는데, 그렇다면 어떤 겉모습을 먼저 판단해야 할까?

이에 대해 위표는 효도하는 사람이라면 분명히 나라에도 충성하고 매사를 현명하게 처리하는 관리가 될 수 있다고 주장하고 있는데, 이 말이 관리에만 국한되지는 않을 것이다.

충성스럽고 효성스러운 사람은 두터운 마음의 두께를 가지고 있는데, 그냥 훈련만 잘 된 사람은 마음의 두께가 얇아 각박하다. 그렇기 때문에 마음이 각박한 사람은 작은 재주로 재빠른 임기응변은 잘 하지만 멀리 내다보는 큰 지혜를 갖기 어렵다고 유표는 설명하고 있다.

이런 이유에서 효도를 인재 선발의 기준으로 삼는 것은 현재에도 매우 유효한 방법인 듯하다.

집안이 어려우면
현명한 아내를 생각한다

家貧思良妻 國亂思良相
가 빈 사 양 처   국 난 사 양 상

《자치통감》권1

집안이 가난하면 좋은 아내를 생각하게 되고, 나라가 어지러우면 좋은 재상을 생각하게 된다.

전국시대 위나라의 문후가 이극에게 물었다.

"선생께서 일찍이 '집안이 가난하면 좋은 아내를 생각하게 되고, 나라가 어지러우면 좋은 재상을 생각하게 된다.'고 하였소. 내가 지금 위성과 적황, 두 사람 중에서 재상을 삼으려 하는데 어떻게 생각하오?"

이극은 쉽게 답을 내놓지 않았다.

"낮은 사람은 높은 사람의 일에 꾀를 내지 않고, 먼 사람은 가까운 사람의 일에 꾀를 내지 않습니다. 신은 대궐 밖에 있사오니, 감히 명령하신 것을 감당할 수 없습니다."

문후는 사양할 일이 아니라면서 누구를 뽑아야 하는지 다시 물었다.

"이는 주군께서 살펴보시지 않았기 때문에 생긴 일입니다. 그가 누구와 친했는지를 보시고, 그가 부유하였을 때 남에게 주었던 것을 보시고, 그가 천거하셨던 사람이 누구인지를 보시고, 어려웠을 때 그가 무엇을 하지 않았는지 보시고, 그가 가난했을 때 무엇을 취하지 않았는지 보시옵소서. 이 다섯 가지를 보면 충분히 결정하실 수 있는 일이온대, 어찌 신의 대답을 기다리십니까."

문후는 이극의 말을 듣고 고개를 끄덕였다.

"선생이 숙소로 돌아가면 나의 재상감은 확정될 것이오."

임금이라면 누구나 좋은 재상이나 좋은 장군을 찾고 싶어 하는 것처럼 보통 사람도 누구나 좋은 배우자를 찾고 싶어 한다. 하지만 좋은 재상, 좋은 장군을 찾기 어려운 만큼 좋은 배우자를 찾는 것도 여간 어려운 일이 아니다.

왜 그럴까? 이극의 말처럼 상대방을 꼼꼼히 살펴보지 않은 까닭이다. 스스로 관찰하고 판단하는 것이 아니라 상대방의 말에 현혹되어 잘못된 판단을 내리고, 그 책임을 다시 상대방에게 전가하는 경우가 많은 것이다.

아내와 재상은 모두 살림을 하는 사람들이다. 요즘 말로 하면 경영자인 것이다. 살림을 잘 하려면 자기의 처지와 외부의 상황을 잘 파악하여 적절히 대처할 수 있는 능력이 있어야 한다.

'살림'이란 '한 집안을 이루어 살아가는 일'이다. 즉 사람을 살리는 일인 것이다. 가족이나 백성을 살리려면 먼저 스스로의 삶을 잘 경영할 수 있어야 한다. 자기 삶을 제대로 살아내지 못하는 사람이 어떻게 가족을, 백성을 살리겠는가.

스스로 살아갈 수 있는 사람은 아무리 어려운 환경이나 조건 속에서도 집안을 일으키고 나라를 일으킨다. 재상을 찾는 임금도 배우자를 찾는 보통 사람도 명심해서 새겨야 할 말이다.

이극은 사람을 판단할 수 있는 다섯 가지 태도에 대해 설명하고 있다. 먼저 그가 누구와 친한지 보고, 그가 부유했을 때 남에게 무엇을 주었는지를 보고, 그가 천거한 사람이 누구인지를 보고, 그가 어려웠을 때 무엇을 하지 않았는지를 보고, 그가 가난했을 때 무엇을 취하지 않았는지 보라는 것이다. 이러한 다섯 가지 태도를 알 수 있다면 최상의 아내나 재상을 뽑을 수 있을 것이다.

제가
齊家

화가 나도
얼굴색을 바꾸지 말라

怒不變容 喜不失節 故最爲難
노 불 변 용 희 불 실 절 고 최 위 난
《자치통감》권68

화가 나도 얼굴색이 변하지 않고, 기뻐도 절제함을 잃지 않은 것이니, 그러므로 가장 어려운 일을 한 것이다.

후한 말에 조조는 위왕이 되어 유비·손권과 자웅을 겨룬 사람이다. 그에게는 장자인 조비가 있었고, 또 재주가 많은 셋째 아들 조식이 있었다. 당연히 장남인 조비가 후계자로 결정되어야 할 일이었지만 조식이 재주가 많으니 후계 구도에 갈등이 생겼다.

조조에게 권고하는 중신들도 둘로 갈렸다. 한편은 《춘추공양전》 같은 경전을 들이대며 장자를 후계로 정할 것을 주장하고, 다른 한편에서는 장남 조비에게 서운한 일을 당한 사람들이 조식의 재주를 들이대며 재주 있는 사람이 뒤를 이어야 한다고 주장했다.

그러하니 조비는 동생에게 후계자 자리를 빼앗길 수 있다고 생각하여 태중태부 가후에게 후계 자리를 지킬 수 있는 방법을 자문했다.

가후는 조비에게 아침저녁으로 자식으로서의 도리를 다하라고만 가르쳤다. 재주로는 조식을 따라갈 수 없을 것으로 생각한 때문일 것이다.

조조가 출정에 나서게 되자 조비와 조식은 함께 아버지 조조를 전별하게 되었다. 조식이 명문장으로 아버지를 전별하자, 그곳에 있던 사람들이 모두 조식을 칭찬했고 조조도 기뻐했다.

그러나 조비는 다만 눈물을 흘리며 망연자실한 채로 아버지 조조에게 절만 할 뿐이었다. 이런 조비의 태도는 많은 사람들에게 감동을 주었다. 칭찬보다 감동이 판정승을 얻은 것이다. 조비는 가후에게 배운 대로 감정을 꾸몄기 때문에 동생을 누르고 드디어 후계자의 자리를 차지하게 되었다.

이 소식은 당연히 조비의 어머니인 변 부인에게도 큰 기쁨인 것이 분명했다. 사람들은 변 부인에게 가서 축하하며 말을 건넸다.

"조비 장군이 태자에 제수되었으니 천하 사람이 모두 기뻐합니다. 부인께서는 마땅히 곳간을 열어 상을 내리십시오."

하지만 변 부인은 담담하게 대꾸했다.

"임금께서 장남을 등용하여 후사로 삼으신 것이오. 나는 다만 마땅히 가르치고 인도하지 못한 과실을 면한 것만으로도 다행스럽다오. 그러니 어찌 상을 내리겠소?"

이 이야기를 들은 조조가 기뻐하며 말했다.

"화가 나도 얼굴색이 변하지 않고, 기쁜 일이 있어도 절제를 잃지 않으니, 이는 가장 어려운 일을 한 것이다."

그러나 그 어머니와는 달리 태자가 된 조비는 의랑 신비의 목을 껴안으며 기뻐했다. 신비가 이 이야기를 딸 신헌영에게 알리니, 그녀가 탄식하며 말했다.

"태자께서는 군주를 대신하여 종묘와 사직을 주관하실 분입니다. 군주를 대신한다는 것은 슬프지 않을 수 없고, 나라를 주관한다는 것은 두렵지 않을 수 없습니다. 하여 의당 슬프고 두려워해야 할 일인데 도리어 기뻐한다면 어찌 이 나라가 오래 갈 수 있겠습니까? 위나라는 창성하지 않을 것입니다."

포커페이스라는 말이 있다. 포커를 하면서 얼굴에 기쁨이나 실망을 드러내지 않아서 상대방으로 하여금 나의 패를 짐작할 수 없게 하는 경우를 말한다.

조비의 어머니인 변 부인은 포커페이스에 능했으나, 그 아들 조비는 그러지 못했다. 학습하여 계산한 감정으로 태자의 지위는 얻었지만 기쁨의 순간에 경박한 본성이 튀어나오는 것은 막지 못한 것이다.

결국 신헌영의 예언처럼 위나라는 오래 가지 못하고 나라의 실권을 사마씨에게 빼앗겨 진(晉)나라에게 왕조를 넘겨주고 멸망했다.

유학에서는 희(喜)·노(怒)·애(哀)·락(樂)·애(愛)·오(惡)·욕(欲)의 칠정(七情)을 극복해야 할 것으로 본다. 감정을 절제할 수 있어야 자신은 물론이요 가정과 사회, 더 나아가 국가에 이르기까지 유익함을 도모할 수 있기 때문이다.

제가
齊家

길흉은
천명에 달렸다

吉凶有命 禍福由人 移走求安 則亦無益
길 흉 유 명   화 복 유 인   이 주 구 안   칙 역 무 익
《자치통감》 권72

길흉은 천명에 달린 것이며, 화와 복은 사람으로 말미암는 것이니, 이사를 하여 편안함을 구하는 것 역시 아무런 이익이 없다.

삼국시대 위나라 황제인 명제 조예의 이야기다. 명제는 딸 조숙이 태어나자 애지중지했는데, 막상 태어난 지 한 달도 못 되어 죽어 버리자 매우 낙심하며 슬퍼했다.

　명제는 조숙에게 평원의 공주라는 시호를 하사하고, 낙양에 사당을 세울 것을 명령했다. 또한 진후의 종손인 진황을 공주와 함께 낙릉에 합장케 했다. 진황은 이미 죽은 자였으니, 조숙과 영혼결혼식을 시킨 것이다. 공주와 함께 합장되면서 진황은 열후로 책봉되었고, 그 자손들이 진황의 작위를 이어받아 제사를 모시게 되었다.

　명제가 직접 상복을 입고 딸의 장례식에 참여하려 하자 사공 진군이 간언했다.

　"8세 이하의 장례는 예식을 다 갖추지 않는 것입니다. 그런데 아직 한 달도 못 된 공주의 장례를 성인에게 해당되는 예절로 치르는 것은 불가합니다.

　더욱이 황제께서 상복을 입으시고, 조정 모두가 상복을 입고 아침저녁으로 곡을 하는 것은 있을 수 없는 일입니다. 또한 폐하께서 스스로 영결식에 참여하시고 장지까지 가서 능묘를 살피려 하시는데, 이는 아무런 이로움이 없는 일입니다.

　신은 폐하께서 허창에 가신다고 들었습니다. 그러면 두 궁궐의 윗사람과 아랫사람이 모두 동쪽에 가 있게 되므로 모든 조정의 대소 신하들이 놀라고 이상하게 생각하고 있습니다. 어떤 자는 쇠퇴하는 운수를 피하려 한다고 말하고, 또 어떤 자는 편할 대로 궁전을 옮기려 한다고 말하며, 또 다른 자는 이게 대체 무슨 연고인지조차 모르겠다고 말하고 있습니다.

신은 '길흉이란 천명에 달린 것이고, 화와 복은 사람으로 말미암는 것이니 이사를 해서 편안함을 구하는 것은 아무런 이익이 없다.'고 생각합니다. 만약 반드시 이사를 해서 악운을 피하고 싶으시다면 금용성의 서궁과 맹진에 있는 별궁을 잘 수선하여 사용하면 될 것입니다.

그런데 어찌하여 온 궁궐에 있는 사람들을 바닥에 내놓으려 하시옵니까. 공사 간의 번거로움과 비용을 차마 계산할 수조차 없습니다. 훌륭하고 현명한 인사들은 오히려 자기 집을 지킴으로써 고향인 향읍을 편안하게 하고 두려운 마음을 없앱니다. 하물며 제왕은 만국의 주인이신데 가고 머물고, 움직이고 조용히 있는 것을 어찌 가볍게 벗어날 수 있겠습니까?

소부 양부가 말하기를 '문황제와 무선황후가 붕어하셨을 때도 폐하께서는 모두 영결식에 가지 않으셨는데, 이는 사직을 중하게 여겨 예기치 못한 일이 일어날 것에 대비를 한 것이다.'라 하였습니다. 그런데 어찌 품안에 품은 갓난아이의 장지에 가신단 말입니까?"

명제는 이러한 신하들의 간언을 모두 거부하고 순행을 떠났다.

'진인사대천명(盡人事待天命)'이라는 말이 있다. '사람이 할 수 있는 데까지 노력을 다했다면 그 다음 일은 하늘에 맡기라'는 뜻이다.

명제 조예는 아버지인 문황제 조비가 죽었을 때나, 그의 할머니인 무선황후 변 부인이 죽었을 때는 영결하는 의식에 참석하지 않았다. 황제의 자리인 옥좌를 지켜야 한다는 이유에서였다.

그런데 갓난 딸의 장례에서는 처음 영구를 내어 마차에 싣고 지내는

제가(齊家)편

길제사부터 직접 참석하겠다고 나섰다. 부모가 죽었을 때는 황제였지만, 딸이 죽었을 때는 아비였던 것이다.

명제는 겉으로 드러내어 말하지는 않았지만 어린 딸이 죽은 것은 낙양의 지운이 쇠한 때문이라고 생각했다. 그래서 궁궐을 옮겨 왕실에 드리워진 액운을 막고 복을 구하고자 했다. 다만 이 속마음을 겉으로 드러내지 못하고 순행한다고 한 것이다.

이를 간파한 사공 진군은 '길흉은 천명에 달린 것이며, 화복은 사람으로 말미암는 것이니, 이사하여 편안함을 구하는 것은 아무런 이익이 없습니다'라고 간하며 황제의 마음을 되돌리려 하고 있다. 황제가 도읍을 떠난다면 그 파장이 엄청날 것이기 때문이다. 황제는 항상 자기의 자리를 지키고 있어야 한다.

하지만 명제는 듣지 않았다. 이렇게 고집으로 부리고 떠났으니, 오래 살든가 복을 받든가 해야 할 것인데, 그로부터 5년 뒤 명제는 후사도 없이 죽었다. 그리하여 조방을 명제의 아들로 삼아 후사를 이었는데, 그가 사마씨의 쿠데타를 만나면서 조씨 왕조는 무너졌다.

명제는 갓난아기 조숙이 죽은 것을 흉사로 보고, 이 흉사를 막고자 딸의 장례를 핑계 대며 이사하여 액운을 막으려 했다. 그러나 그것으로 액운이 막아질 리 없었다.

제가
齊家

골육상잔은
나라도 넘겨준다

若非骨肉相殘 他族豈得乘其弊
약 비 골 육 상 잔 타 족 개 득 승 기 폐

汝深誡之
여 심 계 지

《자치통감》권136

만일 형제 사이에 서로 죽이는 일이 아니었다면 다른 족속이 어찌 이런 폐단에 올라탈 기회를 잡을 수 있었겠는가? 너희는 이를 깊이 경계하라!

남북조시대 제나라를 세운 소도성의 이야기다. 동진 말년에 유유는 동진을 무너뜨리고 송나라를 건국했다. 그로부터 55년 만에 소도성이 송을 무너뜨리고 제나라를 세운다. 이렇게 나라를 세운 지 겨우 3년여 만에 소도성은 임종을 맞게 되었다.

소도성은 그의 아들들이 자기가 세운 나라를 제대로 꾸려 갈지가 걱정이었다. 그의 아들은 모두 16명이나 되었으니 형제끼리 세력 다툼을 할 가능성이 충분했다. 그래서 임종 시에 아들들에게 유씨 집안의 송나라 역사를 가지고 훈계하며 말했다.

"송나라는 내가 무너뜨렸다기보다 유씨 집안이 숙질간에 싸우는 바람에 나라가 피폐해져 결국 망하게 된 것이다. 이렇게 피폐해진 나라를 구한다는 명분으로 소씨인 내가 군사를 일으켜 새로운 제나라를 세웠다. 그러니 너희들도 서로 싸우면 또 다른 누가 이 왕조를 가져갈 수 있다는 것을 명심하라."

그 후 소도성의 장남 소색이 그의 뒤를 이어 황제가 되었다. 황위에 오른 소색은 형제간의 우애를 지켜 넷째인 소황을 중서감으로 삼았다. 그런데 소황은 도읍인 건강으로 돌아오면서 사사롭게 수백 명이 쓸 무기를 싣고 돌아왔다. 이는 아무리 제후왕이라도 황제가 있는 도읍 안에서는 호위무사 40명을 넘길 수 없다는 규칙을 위반한 일이었다.

이처럼 황제의 동생이 범법을 저질렀으니, 이를 법으로 다스려야 할 것인가. 아니면 그냥 무마하고 넘어가야 할 것인가. 황제의 다른 동생인 소억이 머리를 조아리고 골육상잔을 경계하며 말했다.

"소황의 죄는 참으로 용서할 수 없습니다. 하지만 폐하께서는 마땅히 선조께서 염려하셨던 일을 기억하소서."

황제는 하는 수 없이 눈물을 흘리며 넘어갔다.

황제의 또 다른 동생인 소필은 재능과 기예가 많았으나 성정이 거칠고 화를 잘 냈다. 또 재물을 가볍게 여기고 베풀기를 좋아해서 쌓아 둔 재산이 없었다. 그러자 소필은 자기가 그렇게 곤궁하게 된 것은 황제인 형님이 자기에게 야박하게 했기 때문이라고 생각하며 원망했다.

소필은 아버지가 교훈한 '형제간에 골육상잔을 하지 말라.'라는 말을 '형제간에는 무조건 도와주어야 한다.'고 이해한 것 같다. 형제간에는 우애를 지켜야 하는 것인데 힘도 있고 돈도 있는 형님이 어려운 처지의 자기를 도와주지 않는다고 생각하며 원망한 것이다.

소필은 자기가 왜 그렇게 어렵게 되었는지에 대한 반성은 전혀 하지 않고 있다. 씀씀이가 헤프고 베풀기를 좋아하니 재물이 모일 리 없는 자신의 생활 태도를 돌아보지 못하고, 형의 무조건적인 도움을 바라고 있는 것이다.

사실 형제 가운데 어려운 사람이 있다면 도와주어야 하는 것이 맞지만, 먼저 그 형제가 왜 그토록 어렵게 되었는지 먼저 살펴볼 필요가 있다. 그에게 잘못된 생활 태도가 있다면 먼저 그것을 고치도록 한 후 도와주어야지, 그렇지 않다면 아무리 도와주어도 구멍 난 독에 물 붓기가 되기 십상이다.

우애를 지키는 것은 무조건 도와주는 것이 아니다. 서로의 입장 안에서 가능한 만큼만 도와줄 수 있는 것이다.

그러므로 도와주는 데도 지혜가 필요하다. 어려운 형제가 넉넉한 형제의 도움을 바랄 때는 스스로 먼저 잘못된 것을 고쳐야 한다. 그래야 형제간의 우애도 살아나는 법이다.

형제간의 우애는 어느 한 편의 일방통행적인 도움으로 해결될 일이 아니다. 형제는 서로 함께 우애를 지키려는 노력을 해야 한다.

제가
齊家

골육 간의 싸움은
이기든 지든 비극으로 끝난다

夫征戰之理 唯求克勝 至於骨肉之戰
부정전지리 유구극승 지어골육지전

愈勝愈酷 捷則非功 敗則有喪 勞兵損義
유승유혹 첩즉비공 패즉유상 노병손의

虧失多矣
휴실다의

《자치통감》 권163

무릇 정벌하고 싸우는 이치는 오직 이겨서 승리를 바라는 것이지만 골육 간의 싸움에서는 이길수록 잔혹해지고, 승리를 해도 공로가 아니며, 패하면 죽음이 있고, 병사를 수고롭게 하며, 의리를 해치니 어그러지고 잃는 것이 많소.

제가(齊家) 편

위진시대 남조의 양나라에서 있었던 일이다. 당시 양나라의 황제는 무제 소연이었다. 무제 말년 후경이 반란이 일으켜 수도인 건강성을 포위했다. 무제는 일곱째 아들인 소역에게 밀서를 보내어 형주 자사 및 사지절로 임명하고 9개 주의 모든 군사를 감독하는 직책을 주어 그가 빨리 건강을 구하기를 기다렸다.

그러나 소역은 건강을 구하지 못했다. 오랫동안 성 안에 갇혀 있던 무제는 마실 것과 먹을 것을 줄여가며 버텼지만, 결국 화병이 나서 앓아 눕게 되었다. 무제는 어린 아들 소대환을 소역에게 맡기노라 부탁하며 손톱과 머리카락을 잘라 보냈다. 그리고 죽기 전에 쓴 입을 달래줄 꿀을 먹고 싶어했지만 아무도 황제에게 꿀을 바치지 못했다. 무제는 그토록 원하던 꿀 한 숟가락조차 먹지 못하고 죽었다.

이제 양나라는 후경이 건강을 점거한 상태에서 북쪽에 있는 동위가 언제 공격해올지 모르는 위태로운 상황이 되었다. 무제의 아들들은 서로 단결하여 나라를 구해야 했음에도 불구하고, 가장 강한 군사를 가진 소역은 오히려 먼저 군사를 발동하여 조카인 하동왕 소예와 형인 소릉왕 소륜을 공격했다.

소예는 무제의 아들인 소통의 둘째 아들이고, 소륜은 무제의 여섯째 아들이다. 소역은 골육의 힘을 합해야 할 마당에 골육을 공격한 것이다.

소륜은 소예를 구원하고 싶었으나 군사와 식량이 부족했다. 그래서 소역에게 편지를 보내어 형제애로 호소했다.

"하늘이 준 때와 지형의 이로움은 사람들 간의 화목을 따라가지 못하는 법이다. 하물며 손발 같은 형제 사이에 어찌 서로 해칠 수 있는가.

지금은 사직이 위태롭고 수치스러워 상처가 크고 아픔이 깊다. 가슴을 갈라 쓸개를 맛보며 피눈물을 흘리며 창을 베개 삼아야 하나니! 작은 분노는 의당 용납해 주어야 할 것이다.

밖에서 닥치는 걱정거리를 없애지 않아 집안의 재앙이 만들어지는 것이니, 지금을 살피고 옛날을 찾아가 보면 망하지 않은 경우가 없다.

무릇 정벌하고 싸우는 이치는 이겨서 승리를 바라는 것이지만, 골육 간의 싸움에서는 이길수록 잔혹해지고, 승리해도 공로가 아니며, 패하면 죽음이 있고, 병사를 수고롭게 하며, 의리를 해치니 어그러지고 잃는 것이 많다.

후경의 군대가 아직 장강의 밖을 넘보지 않는 것은 병영의 기반을 잘 만들었고, 종친이 진수하는 곳이 강하고 긴밀하기 때문이다. 동생이 만약 동정을 함락시키고 무기를 거두지 않으면 옹주에서는 압박한다고 의심할 것이니 어찌 편안할 것인가. 위의 군대를 끌어들여 구원하기를 바랄 것이다.

동생이 편안하지 않으면 집안과 국가는 없어지는 것이다. 그러므로 반드시 상주의 포위를 풀어 보존하는 계책을 세우기 바란다."

소륜의 편지를 읽은 소역은 절대로 소예를 용서할 수 없다는 답장을 보냈다. 소륜은 그 편지를 책상에 던지고 의분에 북받쳐 눈물을 흘렸다.

"상주가 패하면 내가 망하는 것은 하루도 안 되겠구나!"

소륜은 "골육 간의 싸움은 이길수록 더욱 잔혹해지고, 승리해도 공로가 아니며, 패하면 죽음이 있을 뿐이다."는 말로 소역에게 인화의 중요성을 강조하며 형제를 공격하지 말라고 요청하고 있다.

하지만 소역은 끝내 형의 말을 거절했으며, 다른 조카인 소찰을 자기가 물리쳤다고 자랑까지 했다.

그렇다면 자기의 골육과 싸워 이긴 소역은 정말로 성공했을까?

소역은 형인 간문제 소강에 이어 양의 황제가 되었지만 겨우 2년 동안 황제의 자리에 머물렀을 뿐이다. 그 후 황제의 자리는 정양후에게서 1년 머물렀다가 그 아들 경제 소방지에게 넘어갔는데 소방지가 진(陳) 왕조를 세운 진패선에게 황위를 선양하면서 양 왕조는 멸망하게 된다. 소역이 혈육을 공격한 지 10년도 채 안 되어서 양은 멸망한 것이다.

그러는 사이에 소역에게 패배했던 그의 조카 소찰은 남양(南梁)을 세워서 독립했다.

소륜이 소역에게 한 말처럼 골육 간의 싸움은 이긴 사람조차 비극으로 끝날 뿐이다. 이겨도 비극이고 져도 비극이다.

치국治國편

치국
治國

통치자의 신의는 정치의 근본이다

夫信者 人君之大寶也
부 신 자　인 군 지 대 보 야

《자치통감》권2

무릇 믿음이라고 하는 것은 임금이 갖추어야 할 커다란 보배입니다.

전국시대 위나라에 위앙이라는 사람이 있었다. 위나라의 재상인 공숙좌는 병이 들어 물러나게 되자, 혜왕에게 위앙을 재상으로 천거했다.
　그러나 왕은 아무런 반응을 보이지 않았다. 그러자 공숙좌는 위앙을 등용하지 않으려거든 반드시 그를 죽이라고 말했다. 왕이 그러겠노라고 하며 돌아가자, 공숙좌는 위앙을 불러 사과하고 빨리 위나라를 떠나라고 했다.
　이때 진나라에서는 효공이 새 왕으로 등극했다. 효공이 진나라를 강하게 할 수 있는 사람이라면 누구든 등용하겠다는 방침을 발표하자 위앙은 진나라로 건너가 부국강병책을 제시하여 좌서장으로 등용되었다.
　위앙은 진나라의 법률을 바꾸었지만 백성들이 이를 믿지 않을 것을 걱정했다. 그래서 법률을 공포하기 전 백성들에게 뜬금없는 제안을 했다. 세 길 되는 나무를 시장의 남쪽 문에 세워 놓은 후 이를 북쪽 문으로 옮기는 사람에게 10금을 주겠다고 한 것이다.
　하지만 백성들은 이상하게 생각할 뿐 아무도 나무를 옮기지 않았다. 위앙은 상금을 올려 나무를 옮기는 사람에게 50금을 주겠노라 했다.
　그러자 한 사람이 나무를 옮겼다. 위앙은 그에게 50금을 준 후 새로 제정한 법률을 공포했다.
　이에 대해 사마광은 다음과 같이 논평했다.
　"무릇 믿음이라고 하는 것은 임금이 갖추어야 하는 커다란 보배입니다. 나라는 백성에게서 보위되며, 백성은 믿음에게서 보위되니, 믿음이 아니면 백성을 부릴 수 없고, 백성이 아니면 나라를 지킬 수 없습니다.
　이런 연유로 옛날에 제왕이라는 사람은 사해를 속이지 않았고, 패권을 가진 사람도 사방의 이웃을 속이지 않았으니, 나라를 잘 다스리는 사람은 백성을 속이지 않았고, 집안을 잘 다스리는 사람은 친한 사람을 속이지 않았습니다. 잘하지 못하는 사람은 이에 반대로 했으니 이웃 나라를 속이고, 백성을 속였으며, 형제를 속이고, 부자를 속였습니다.

윗사람이 아랫사람을 믿지 못하고 아랫사람이 윗사람을 믿지 못하게 되면, 윗사람과 아랫사람은 서로 마음이 흩어져 실패하기에 이릅니다. 이로운 것은 다친 것을 치료하는 약이 될 수 없고, 얻은 것은 없어진 것을 보충할 수 없으니 어찌 슬프지 않겠습니까?

옛날 제의 환공은 조말과의 맹약을 배반하지 않았고, 진의 문공은 원을 차지하는 이익에 욕심내지 않았으며, 위의 문후는 우인과의 기약을 버리지 않았고, 진의 효공은 나무를 옮긴 사람에게 상 주는 것을 없이하지 않았습니다.

이 네 군주는 도의 측면에서는 순수하지 않았으며, 위앙은 각박한 사람으로 불리었지만, 싸우고 공격하는 시대에 천하가 속이는 힘을 쫓고 있을 때 감히 믿음을 잊지 않고 백성을 길렀습니다. 그러니 사해를 고르게 잘 다스리는 정치를 하려는 사람에게 믿음의 중요성은 더 말해 무엇하겠습니까?"

현대를 불신의 시대라고 한다. 아무도 믿을 수 없어 상대가 나를 속일 것이라 예상하고 항상 경계하며 살아가야 하는 시대인 것이다.

이런 세상에서는 어떻게 하면 적을 잘 속이는가가 중요한 연구 대상이고, 어떻게 속지 않을 것인가에 대해 고민한다. 이러한 경쟁 관계에서 신의를 지키라는 말은 공염불에 불과할 지도 모른다.

그러나 결코 속일 수 없는 존재가 있다. 아마 하느님이라는 말로 대표되는 신일 것이다. 신은 모든 것을 다 알고 있는 존재이니 신을 속인다는 것은 속일 수 없는 것을 속이려 드는 어리석음임에 틀림없다.

신은 보이지 않는 존재다. 이처럼 보이지 않는 신이 누구를 통해서 나타날까? 예전 사람들은 가장 어리석은 백성들이 바로 하느님이라고 말해 왔다. 하나하나의 백성은 개별적으로 속일 수 있을지 모르지만 전체로서의 백성은 속일 수 없다는 것이다.

역사에서 반란이라고 기록된 사건들을 자세히 살펴보면 통치자가 백성들을 속이고 억울하게 대우한 데서 비롯되는 것임을 알 수 있다. 이를 통해 통치자는 전체로서의 백성을 속여서는 안 된다는 진리를 깨달아야 한다.

통치자가 하는 일을 백성들이 믿을 수 있게 만든다면 이는 하느님을 일으켜 세워 자기편으로 만드는 일이다. 백성은 개인으로서는 약하지만 전체로서는 하느님이기 때문이다.

따라서 통치자가 하느님인 백성을 속이러 드는 것은 참으로 어리석은 일이다. 스스로는 가장 똑똑하다고 생각했겠지만.

통치자는 오직 나라를 위한 길을 가야 한다

國者 天下之利勢也 不得道以持之
국자 천하지리세야 불득도이지지

及其蔶也 索爲匹夫 不可得也
급기기야 소위필부 불가득야

《자치통감》 권4

나라는 천하의 이로운 형세다. 도를 얻지 못한 채 나라를 유지하다가 극에 이르면 필부가 되고자 하여도 될 수 없다.

전국시대 제나라의 민왕은 나라의 크기와 힘을 자랑하며 주변 국가들을 침략했다. 현명한 사람을 쫓아내고 아첨하는 사람을 등용하며 백성들을 가혹하게 수탈하던 민왕은 작은 연나라가 주변국과 힘을 모아 결성한 연합군에 대패하여 도망가는 신세가 되었다.

민왕이 위나라로 도망갔는데, 위군은 궁궐을 주며 그를 살게 하고 스스로를 신하라 칭하며 모든 지원을 아끼지 않았다. 그러나 민왕은 고마운 줄도 모르고 오만불손하게 행동하다가 위나라 사람들의 공격을 받고 다시 추나라로 도망쳤다. 하지만 그곳에서도 교만방자한 태도를 버리지 못하여 쫓겨나고, 다시 노나라를 거쳐 거라는 작은 성읍으로 달아났다.

결국 민왕은 제나라의 재상이 된 초나라 장수 요치에게 잡히고 말았다. 요치는 민왕에게 직접 죄를 물었다.

"천승과 박창 사이는 바야흐로 수백 리인데 비 같이 내린 피가 옷을 다 적셨다 하오. 왕은 이를 아시오?"

"안다."

민왕이 대답하자 요치가 다시 물었다.

"영과 박 사이에 땅이 갈라져 샘까지 이르렀는데, 왕은 이를 아시오?"

"안다."

"어떤 사람이 대궐 문에 이르러 곡을 했으나 원하는 것을 얻지 못하였고, 그가 떠나가도 그 곡소리가 계속 들렸다는데 왕은 이를 아시오?"

"안다."

그러자 요치가 준엄하게 민왕을 꾸짖었다.

치국(治國) 편

"하늘이 피 같은 비를 내려 옷을 적신 것은 하늘이 알린 것이고, 땅이 깊이 갈라져 샘에 이른 것은 땅이 알린 것이며, 어떤 사람이 대궐에 이르러 곡한 것은 사람이 알린 것이다. 하늘, 땅, 사람이 모두 알렸는데, 왕은 그 경고를 몰랐으니, 어찌 죽어 마땅하지 않은가!"

결국 민왕은 요치에게 살해당했다.

이 일에 대해 순자는 이렇게 평론했다.

"나라라고 하는 것은 천하의 이로운 형세다. 도를 얻어서 이를 유지하면 크게 편안해지고 크게 영광스러워 아름다움을 쌓아가는 원천이 된다. 그러나 도를 얻지 못한 채 나라를 갖는 것은 크게 위태롭고 곤한 일이니, 이는 나라를 갖고 있는 것이 나라가 없는 것만 못하다. 이런 상태가 극에 이르면 필부가 되고 싶어도 결코 될 수 없다. 제의 민왕과 송의 헌왕이 바로 이런 사람이다."

사람은 각자 자신이 차지한 자리가 있고, 그 자리에서 마땅히 해야 할 일이 있다. 이것을 도라고 한다. 따라서 자신이 위치한 자리에서 해야 할 일을 하느냐 하지 못하느냐에 따라 편안함과 영광을 누리거나 아니면 위험하고 피곤한 슬픈 인생이 되기도 한다.

제왕이 되었다면 제왕의 길을 가야 하는 것인데, 이는 피할 수 있는 일이 아니다. 제왕이 된 자가 뒤늦게 일반 백성으로 살기를 원한다 한들 그렇게 될 수는 없는 일이다. 이것이 어디 제왕의 자리뿐이겠는가?

그러므로 자리를 탐할 일이 아니다. 버거운 자리는 도리어 없는 것만 못하다는 순자의 말은 누구에게나 적용될 수 있다. 그래서 자신의 자리를 잘 골라야 한다. 자기 몸에 맞는 옷을 고르듯 말이다.

치국
治國

덕스러움은 사람을 감복시킨다

惟賢惟德 可以服人
유현유덕 가이복인

《자치통감》권70

오직 현명함과 덕스러움만이 사람들을 복종시킬 수 있다.

삼국시대 촉한을 세운 유비가 병이 들어 죽게 되자 승상 제갈량을 불러 태자를 보필해 줄 것을 부탁했다.

"그대의 재주는 조비의 열 배나 되니 반드시 나라를 안정시켜 큰일을 완성시키시오. 만약 내 아들이 보필을 받을 만하다면 보필해 줄 것이나, 그런 재목이 되지 못한다면 그대 스스로 그 자리를 차지해도 되오."

그러자 제갈량은 눈물을 흘리며 대답했다.

"신이 감히 고굉으로서 힘과 충절과 정절을 다하지 못한다면 폐하를 뒤따라 죽겠나이다."

유비는 태자인 아들 유선이 한 나라를 이끌 만한 위인이 못 된다는 사실을 잘 알고 있었다. 그럼에도 불구하고 나라를 그에게 물려주어야 했으므로 이에 유비는 태자에게 조칙을 내려 제왕으로서 꼭 지켜야할 덕목을 남겼다.

"사람이 50세가 되어 죽는다 해도 요절이라고 부르지 않는데, 내 나이 이미 60여 세이니 무슨 한스러움이 있겠느냐? 오직 너의 형제들이 마음 쓰일 뿐이다.

부지런히 하고 또 부지런히 하여라. 악한 일은 작아도 하지 말아야 하며, 선한 일은 작아도 하지 않으면 안 된다. 오직 현명함과 덕스러움만이 사람들을 복종시킬 수 있다.

네 아비의 덕이 얕으니 본받기에는 많이 모자란다. 너는 승상과 더불어 나라를 다스리되 그를 아버지처럼 섬겨라."

그해 여름 4월 유비는 숨을 거두었다.

덕장으로 널리 알려진 유비는 사실 조조나 손권에 비하여 나라를 세울 만한 아무런 배경도 갖지 못한 사람이었다. 한나라 왕실의 종실이긴 했지만 끼니 걱정을 해야 할 만큼 어려운 환경에 처해 있었고, 동문수학한 사람에게 신세를 질 정도로 궁핍한 생활을 했다.

그런 그가 삼국 가운데 하나의 기둥이라 할 수 있는 촉한을 세울 수 있었던 것은 많은 사람에게 덕스러운 사람으로 각인된 까닭에서였다.

유비는 형주에서 유종의 배신으로 조조에게 쫓길 때도 그를 따르는 10만여 명의 민간인을 버리려 하지 않았다. 이런 유비의 고집 때문에 결국 조조에게 대패하여 군사들은 가족의 종적도 찾을 수 없는 지경에 이르렀다.

또한 유비는 오나라의 여몽에게 오른팔 같은 관우를 잃게 되자 오나라를 공격하려고 했다. 이는 당연히 무모한 공격이었고, 유비도 이 사실을 잘 알고 있었다. 그럼에도 불구하고 관우에 대한 의리를 지키려 했던 것이다.

결국 유비는 수많은 군사를 잃으며 패배하는 대가를 치르면서도 한 번 사귄 사람을 버리지 않는 의리를 지킴으로써 많은 사람들의 마음을 얻었다. 전력을 잃는 대신 천하 사람들의 마음을 얻은 것이다.

이것이 바로 덕스러움이다. 덕이란 눈앞의 이익을 따라 행동하는 것이 아니라, 오히려 눈앞의 이익에 초연하면서도 인간이 가져야할 덕성을 가치있는 것으로 인식하고 이를 지키는 것이다. 덕치는 힘으로 다른 사람을 복종시키는 것이 아니라 사람의 마음속으로부터 복종의 힘을 우러러 나오게 하는 능력이다.

지도자는 아주 많은 능력을 갖추어야 한다. 아랫사람을 제압하는 위엄을 구비하고, 그들을 능수능란하게 다루는 기술을 습득해야 하며, 모든 사람의 마음도 꿰뚫어 보고, 속이려 드는 사람의 간사함도 알아볼 수 있는 안목을 갖추어야 한다.

그러나 이 모든 것보다 더 중요한 것이 사람의 마음을 얻는 능력이다. 전쟁의 승패는 많은 사람을 마음으로 따르게 할 수 있는가에 달려 있다. 무기나 군사 등은 외형적으로 계산할 수 있지만 사람의 마음은 계산할 수 없다. 경우에 따라서는 마음으로 충성하는 사람 하나가 수백, 수천, 수만 명을 대적하는 힘을 발휘하기 때문이다.

치국
治國

얇은 얼음을 밟고
햇볕 아래 서 있지 말라

譬如踐薄氷以待白日　豈不殆哉
비 여 천 박 빙 이 대 백 일　기 불 태 재

《자치통감》 권25

비유하건대, 얇은 얼음을 밟고서 밝은 해를 기다리는 것과 같으니 어찌 위태롭지 아니하겠는가?

전한시대 선제 유병이는 무제의 증손자지만, 우여곡절 끝에 황위에 오른 사람이다. 그의 할아버지인 여태자 유거가 무고의 난으로 억울하게 죽은 후 갓난 유병이는 민가에 내쳐져 자랐다.

이처럼 어려서부터 민가로 내쳐져 온갖 고생을 몸으로 직접 겪으며 자란 선제는 그 누구보다도 백성들에 대해 잘 알았다. 즉위 초기에는 곽광의 섭정을 받아야 했지만, 그가 죽은 뒤에는 친히 정사를 맡아 무제 이후 최고의 중흥 시대를 이루었다.

선제는 지방 행정제도를 정비하고 상평창을 설치하여 빈민을 구제했으며, 흉노를 격파하고, 서역 36국을 복속시키는 등 내치와 외치 모두에 심혈을 기울였다. 또한 자신의 이름자를 바꾸면서까지 백성들의 편의를 도모하고자 했다.

원래 중국에서는 천자의 이름에 들어가는 글자는 백성들이 감히 사용할 수 없도록 규제하고 있었는데, 선제의 이름인 '병'자와 '이'자는 백성들이 많이 사용하는 글자였다. 이런 까닭에 선제는 백성들의 편의를 위해 자신의 이름을 '병이'에서 '순'으로 바꾼 것이다.

이처럼 출중한 정치 능력을 보인 선제는 옥사와 관련하여 다음과 같은 조서를 내렸다.

"감옥은 만민의 생명이 연관되어 있다. 산 사람으로 하여금 원망하지 않게 하고 죽은 사람으로 하여금 한을 품지 않게 할 수 있어야 한다.

그런데 지금은 그렇지 아니하다. 법률을 적용하는 데 있어 교묘한 마음으로 법률을 쪼갠 뒤 두 끝을 만들어 무겁거나 가볍게 함으로써 고르지 않게 하니, 상주하는 것들이 사실과 같지 않아 위에서는 알 방법이 없다. 그러니 사방의 여민들이 장차 어디를 향해 우러러 호소하겠는가.

이천석은 관속들을 각각 살펴서 이러한 사람을 채용하지 말 것이다. 관리가 멋대로 노역을 일으켜 술집과 여관을 꾸리고, 지나가는 사자와 손님을 핑계 대며 직책을 넘고 법을 뛰어넘어 명예를 취하는 경우가 있으니, 어찌 이것이 얇은 얼음을 밟고서 밝은 해를 기다리는 것처럼 위태롭지 않겠는가?

천하는 질병의 재해를 입어 짐이 이를 아주 가련하게 생각하노니, 국군 가운데 재해가 심한 곳에는 금년의 세금을 면제케 하라."

정치란 백성들의 편안함을 목표로 삼는 것이다. 그래서 임금을 배에, 백성을 물에 비유하기도 한다. 물은 배를 띄울 수도 있지만 한 순간에 전복시킬 수도 있다.

백성의 안위를 실현시키는 것은 특정한 제도가 아니다. 민주주의가 나타나지 않았던 시절에도 정치에 민의를 제대로 반영하지 않으면 제왕은 그 자리를 유지할 수 없는 경우가 많았다.

민의란 거대한 것이 아니고 공평한 대우와 억울함이 없기를 바라는 것이다. 억울한 사람이 많으면 민주적인 제도 아래서는 합법적으로 통치자를 바꿀 수 있지만 민주적 제도가 없는 시절에는 반란을 통해서라도 통치자를 갈아치울 수밖에 없었다. 왕조로서는 위험천만한 일이다.

그렇기 때문에 현명한 군주는 백성을 하늘처럼 여겼다. 성군이라서가 아니라 백성은 언제든 군주가 타고 있는 배를 뒤집어엎을 수 있는 존재임을 알기 때문이다. 선제는 이 사실을 잘 알고 있었기 때문에 기울어가는 한 왕조를 다시 일으켜 세우는 일을 할 수 있었다.

개인 재산을 모으는 군주는
백성의 마음을 얻을 수 없다

成侯嗣君　聚斂計數之君也　未及取民也
성후사군　취렴계수지군야　미급취민야

《자치통감》권4

성후와 사군은 재산을 모아 그 수를 계산하는 군주였고, 백성들을 얻는 데는 이르지 못하였다.

전국시대 위나라의 군주인 사군은 숨겨진 것을 살피기 좋아하는 섬세한 사람이었다. 그는 한 현령의 이부자리를 들어보고 해진 것을 발견하게 되자 새로운 자리를 내어주었다. 이에 현령이 크게 놀라 그를 신이라 했다.

또한 사람을 시켜 시장과 관문을 지나며 관리에게 금을 뇌물로 주게 한 후, 금을 받은 관리를 불러 어떤 사람이 지나가다가 금을 주지 않았느냐고 물으며 그것을 되돌려 주라고 했다. 관문을 지키는 사람과 시장에 있는 사람이 크게 놀랐다.

또 사군은 설희를 사랑하고 여이를 중히 여겼는데, 그들이 자신의 총애를 이용하여 자기에게 들어오는 것을 막지 않을까 하는 걱정에 빠졌다. 그리하여 박의를 귀히 만들어 여이의 적수가 되게 했고, 위비를 높여주어 설희와 필적하게 만들었다. 그리고는 흐뭇하게 말했다.

"이로써 서로가 서로를 견제하게 되었다."

이에 대해 순자가 다음과 같이 평론했다.

"성후와 사군은 재산을 모아 그 수를 계산하는 군주였고, 백성을 얻는 데는 이르지 못했다.

또한 자산은 백성을 얻은 사람이지만 정치를 하는 데는 이르지 못했다. 관중은 정치를 한 사람이지만 예를 닦지는 못했다.

그러므로 예를 닦은 사람은 왕 노릇을 하고, 정치를 한 사람은 강하게 되며, 백성의 마음을 잡은 사람은 편안하고, 재물을 긁어모은 사람은 망하게 되는 것이다."

위(衛)나라는 약소국으로, 제나라나 연나라 같은 강한 나라와 이웃하고 있었다. 이런 나라일수록 군주가 똑바로 정치를 해야 하지만, 위나라의 사군은 임금다운 면모가 없었다. 왕으로서 마땅히 해야 할 일을 하는 것이 아니라 자신의 이미지를 만들고 꾸미는 소소한 일에만 집중했던 것이다.

그는 가난한 현령의 해진 자리를 바꿔 주었으나, 이는 진심으로 백성을 위하는 마음에서가 아니라 그로 하여금 자신을 전지전능한 존재로 여기도록 하기 위한 것이었다. 또한 관리의 부정부패를 단속하려는 것이 아니라 자신은 모든 것을 알고 있는 위대한 군주라는 것을 내세우고 싶었을 뿐이다. 궁중의 여인들을 다루는 데 있어서도 서로가 서로를 견제하게 만듦으로써 사람을 믿지 못하는 면모를 드러내고 있다.

군주란 적재적소에 알맞은 인재를 선택하여 그가 일을 잘 하도록 뒷받침해 주는 직위다. 그런데 사군은 일을 맡겨 놓고도 믿지 못하여 속지 않으려고 염려하는 바가 지나쳤다. 군주가 이렇게 좁은 틀에 갇혀 있으니 나라의 방향을 어찌 잡아야 할지 알 턱이 없었을 것이다.

그러니 나라꼴이 어찌 되었겠는가. 위나라는 점점 국력이 약해지다가 결국 스스로 진나라의 속국이 되고 말았다.

전국시대를 살았던 순자는 사람을 자기 재산만 계산하는 사람, 백성을 얻는 사람, 정치를 하는 사람으로 구분하고 위나라의 사군을 재산만 계산하는 사람으로 분류했다. 사군은 애초에 군주가 되어서는 안 되는 사람이었다는 뜻이다.

군주답지 못한 사람이 다스리는 나라의 백성은 안 해도 될 고생을 짊어지게 된다. 이런 경우 백성들은 자신의 마음을 알아주는 군주가 오기를 고대하게 된다.

 하지만 진정한 군주는 백성들의 마음을 아는 것에 그쳐서는 안 된다. 군주는 백성들의 마음을 알아주고, 이들이 잘 살아갈 수 있는 정치를 해야 한다. 그리고 그 위에 예를 지키면 제왕이 될 수 있다.

백성은 약하나
이길 수 없다

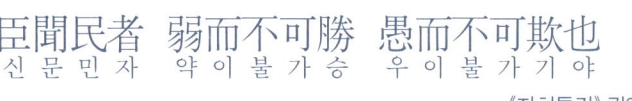

臣聞民者 弱而不可勝 愚而不可欺也
신문민자 약이불가승 우이불가기야

《자치통감》권26

신이 듣건대 백성이란 약하기는 하지만 이길 수 없고 어리석지만 속일 수 없다고 합니다.

전한시대 선제의 이야기다. 선제는 즉위 초에 정치를 맡은 곽광의 그늘 아래 자기의 정처인 허 황후가 독살되는 수모를 겪기도 했지만, 곽광이 죽은 후에는 황권을 되찾아 강력한 지도력을 발휘했다. 그는 교만하고 사치스러운 곽씨들을 몰아내고 정치적 폐단을 혁파했으며, 밖으로는 영토를 넓혀 나라의 중흥을 이루었다.

이처럼 나라가 안정되자 선제는 점점 초심을 잃은 행동을 하기 시작했다. 궁실과 수레, 의복을 소제 때보다 화려하게 장식했고 외척인 허씨와 사씨, 왕씨를 귀하게 여겨 총애했다. 허씨는 곽씨 무리에 의하여 독살된 황후의 집안이고, 사씨는 어려서 민가에서 자랄 때 자신을 길러준 외할머니 집안이었으며, 왕씨는 자기 어머니의 집안이다.

간대부 왕길이 황제에게 경계의 상소를 올렸다.

"폐하께서는 몸소 성스러운 기질을 지니시어 만 가지를 총괄하며 오직 세상일을 생각하시니 이로써 태평성대가 찾아올 것이며, 백성들은 폐하의 조서가 내릴 때마다 기뻐하며 다시 살아나는 듯합니다.

하지만 신이 엎드려 생각하건대, 폐하께서는 좀더 힘쓰셔야 할 것이라 사료되옵니다.

신이 듣건대 백성은 약하지만 이길 수 없고, 백성은 어리석지만 속일 수 없다고 합니다. 폐하께서는 홀로 깊은 궁궐 안에서 일을 하시는데 마땅히 삼가시어 좌우의 사람을 뽑고, 이들에게 시킬 일을 살펴서 선택하셔야 합니다.

사람을 좌우에 두는 것은 몸을 바르게 하기 위함이며, 사람을 부리는 것은 덕을 선포하기 위한 것이니 이것이 정치의 근본입니다.

공자는 '윗사람을 편안하게 하고 백성을 잘 다스리는 데는 예보다 더 좋은 것이 없다.'고 하였습니다. 의복과 거마는 귀천에 따라 문장을 썼는데 이제는 상하가 제멋대로 뒤바뀌고, 속된 관리들은 자식을 임명하니 백성들에게 이익 됨이 없습니다.

하오니 폐하께서는 현명한 사람을 찾아 분명하게 선발하셔야 합니다. 특히 외가와 옛 친구에게는 후한 재물을 줄지언정 관직을 내리는 것은 마땅치 않습니다."

선제가 이 말을 듣는 것은 돌아가는 것이라 생각하고 새겨듣지 않자, 왕길은 칭병하며 관직을 내어놓고 고향으로 돌아가 버렸다.

사람은 여러 번 바뀐다. 젊어서 고생한 것을 밑천으로 성공하는 사람들이 많은데, 인생은 여기에서 그치는 것이 아니라 계속 변화무쌍하게 이어진다. 그러므로 언제든 자기가 하기에 따라서 삶 또한 변할 수 있다.

대체로 어려운 일을 겪고 성공한 사람은 이후의 삶을 가볍게 보는 경향이 있다. 모진 풍파를 견뎌 내었으니 더 이상 못할 일이 없다는 생각을 하기 때문이다.

그러나 이러한 때가 더 위험하다. 그래서 초심(初心)을 잃지 말라는 말이 있는 것이다.

선제는 즉위 초기에는 백성을 위한 정치를 펼치는 데 중점을 두었지만, 나라가 안정되자 구중궁궐에 파묻혀 백성의 뜻을 살피는 데 소홀했다. 왕길은 선제에게 백성의 생각을 끊임없이 구한다면 천하 사람들의 칭송을 받을 것이나, 그렇지 않으면 모두가 비난하게 된다고 설명하며 사치와 꾸미는 것을 거두고, 예로써 나라를 통치할 것을 충언하고 있다. 황제가 예법에 맞지 않는 일을 하면서 백성들에게는 예를 이행하도록 강제한다면 치세가 올 수 없기 때문에 항상 백성들의 뜻을 살피는 데 주력하라는 뜻이다.

하지만 선제는 이 말이 지나치게 이상적인 것이라 생각하고 왕길의 의견을 채용하지 않았다. 백성의 힘을 잊은 것이다. 이로써 모처럼 중흥의 시대를 구가했던 선제의 시대도 무위로 끝나게 된다. 그 뒤를 이은 원제 시절부터 왕조가 기울기 시작한 것은 선제의 말년 태도와 무관하지 않을 터이다.

주리고 절박하면
자식도 보호할 수 없다

飢寒切身　慈母不能保其子
기 한 절 신　자 모 불 능 보 기 자

《자치통감》권136

배고픔과 추위가 몸을 절박하게 하면 자애로운 어머니도 자식을 보호할 수 없다.

남북조시대에 북방의 유목민족인 선비족의 탁발씨가 화북 지역에 북위를 건립했다. 중원 지역을 차지한 북위는 유목민의 생활 방식을 버리고 중국의 전통인 한화에 맞춰 정치 제도를 고치며 강력한 힘을 키웠다. 그리하여 당시 화북 지방에 존재했던 왕조들 가운데 가장 오랫동안 살아남았는데 나중에 중국을 재통일한 수나라와 당나라도 따지고 보면 북위 계통이라 할 수 있다.

　471년 효문제는 5살의 나이로 북위의 6대 황위에 올랐다. 어린 황제가 등극했으니 할머니인 문명태후 풍씨가 섭정을 맡았다. 정치를 주관하게 된 문명태후는 녹봉제와 균전제를 실시하며 정치를 개혁하는 데 앞장섰다.

　원래 관리는 나라에서 받은 땅을 경작하여 그 땅에서 난 소득으로 생활했는데, 녹봉제의 시행으로 관리는 땅 대신 나라로부터 봉급을 받게 되었고, 균전제의 실시로 땅은 백성들에게 골고루 나누어지게 되었다.

　이러한 제도의 시행으로 관리들은 더 이상 백성들을 수탈하거나 부정부패를 저지르기가 어려워졌다. 녹봉제나 균전제를 어기고 부정하게 뇌물을 받거나 법을 어기는 사람은 모두 사형에 처하라는 명령까지 내려졌으며 대대적인 감찰이 이루어졌다.

　높은 지위에 올라 탐욕스럽고 포악한 짓을 일삼던 외척 이홍지는 봉록을 나눈 후 첫 번째로 뇌물을 받았다가 들키고 말았다. 황제는 그를 쇠사슬로 묶어 평성으로 보낸 후 백관을 모은 자리에서 그의 죄를 물었으며, 그가 대신이라는 이유로 사형 대신 집에서 자살할 수 있도록 허락했다.

이후 뇌물에 연루되어 죽은 사람이 40여 명에 이르자 봉록을 받는 사람은 두려워 몸둘 바를 몰랐고, 뇌물을 주고받는 일은 거의 사라졌다.

오랜 시간이 흘러, 회남왕 탁발타가 봉록을 없애자는 상주문을 올렸다. 문명태후가 신하들을 불러 이에 대해 논의하자, 중서감 고려가 아뢰었다.

"배고픔과 추위가 몸을 절박하게 하면 아무리 자애로운 어머니라 하더라도 자식을 보호할 수 없습니다. 녹봉제는 청렴한 사람이 권력 남용으로 당할 수 있는 피해를 막아주는 것이고, 탐욕스러운 사람에게 이에 대한 경계를 권할 수 있는 제도입니다.

만약 봉록을 주지 않는다면 탐욕스러운 사람은 제멋대로 간악함을 휘두를 것이며, 청렴한 사람은 스스로를 보호할 수 없을 것입니다.

하오니 회남왕의 의견은 잘못된 것이 아니겠습니까?"

이 말을 들은 문명태후는 조서를 내려 고려의 의견을 따르도록 했다.

예나 지금이나 관리의 부패를 막는 일은 쉽지 않다. 관리에게는 일을 처리하는 권한이 주어지기 때문에 마음먹기에 따라 자기가 처리하는 일을 가지고 부정한 짓을 할 수 있다. 그렇기 때문에 국가를 관리하는 사람의 입장에서는 관리들의 부정부패를 막기 위해 고심하며 여러 가지 제도를 시행하게 된다.

그렇다면 회남왕 탁발타가 관리에게 주는 봉록을 없애자고 한 말은 어떻게 이해해야 할까? 관리에게 나가는 봉록을 없애 국가 재정을 아끼자는 말일까?

나랏일을 하는 공직자에게 정당한 몫을 주지 않는다면 그는 살기 위해 무엇을 하겠는가. 탁발타는 봉록을 받기 이전, 땅을 소유하고 마음대로 전횡할 수 있었던 그 시절을 그리워했을 것이다. 그러므로 탁발타의 속내는 봉록을 없애는 대신 공직자가 먹고 사는 데 있어서 어떤 간악한 짓이라도 저지를 수 있도록 보장해 주자는 것과 다르지 않다.

탁발타의 의도를 간파한 고려는 봉록은 청렴한 관리의 생활을 보장해주는 기반이므로, 이를 없앨 수 없다고 간한다. 아무리 청렴하고자 하더라도 굶주린 식구를 둔 관리라면 결코 청렴할 수 없는 것이 인지상정이기 때문이다.

맹자는 "무항산(無恒産)이면 무항심(無恒心)이다."라는 말을 했다. 사람이 살아갈 수 있는 최소한의 재산이 없다면 사람으로서 해야 할 도리를 다 할 수 없다는 뜻이다. 그러니 누구든 최소한 살아갈 수는 있도록 만들어 주어야 한다는 것인데, 이는 국가의 기본적인 의무에 속한다.

국가 운영의 기본은 사람살이의 격차를 가급적 줄이는 것이다. 부정한 방법으로 재물을 축적하는 사람이 많으면 이 격차는 무한대로 늘어나게 된다. 정치는 결국 분배의 문제이며, 이것이 성공하면 성공한 정치가 될 것이다.

임금이 덕을 닦지 않으면
바로 옆 사람도 적이 된다

若君不修德 舟中之人 皆敵國也
약 군 불 수 덕   주 중 지 인   개 적 국 야

《자치통감》 권1

만약에 주군께서 덕을 닦지 않으신다면, 이 배 안에 있는 사람은 모두 적국 사람이 될 것입니다.

전국시대 위 무후의 이야기다. 기원전 403년, 천자로부터 제후에 책봉된 문후가 죽자 태자 위격이 그 뒤를 이었는데 이 사람이 바로 위나라의 무후다.

새로운 군주에 등극한 후 무후는 황하 서쪽에 배를 띄우고 국경을 시찰했다. 배가 강을 중간쯤 내려왔을 때 무후가 말했다.

"아름답구나, 산과 강의 굳건함이여! 우리 위나라의 보배로다."

위나라 국경에 산과 강이 있으니 적이 쉽게 쳐들어오기 어렵다는 판단이 내려지면서 뿌듯해진 무후가 감격스러워하며 한 말이다.

무후를 보좌하던 장군 오기가 그 말을 듣고 말했다.

"적을 방어하는 것은 덕을 닦는 데 있는 것이지 땅이 험준한 데 있지 아니합니다. 옛날에 삼묘씨는 왼편으로 동정호가 있었고 오른쪽에는 팽려호가 있었지만 덕과 의를 닦지 않으니 우 임금이 이를 멸망시켰습니다.

또 하나라의 걸 임금이 사는 곳은 왼편으로 황하와 제수가 있었고 오른편으로는 태화산이 있었으며 양의 창자처럼 구불거리는 길이 북쪽에 있었음에도 걸 임금이 정치를 어질게 하지 못하였으므로 탕 임금이 그를 추방했습니다.

상나라의 마지막 왕 주가 다스린 나라는 왼쪽으로는 맹문이 있고, 오른쪽에는 태행산이 있었으며 북쪽에는 상산이, 남쪽에는 황하가 있었지만 정치가 덕스럽지 못하였으므로 주나라의 무왕이 그를 죽였습니다.

그러므로 나라를 지키는 것은 덕치에 있는 것이지 험난한 지형에 있지 아니합니다. 주군께서 몸소 덕을 닦지 않으신다면 지금 이 배 안에 있는 사람은 모두 적국 사람이 될 것입니다."
오기의 말을 듣고 무후가 깊이 공감했다.

사람이라면 누구나 나를 해치고자 하는 적이 없기를 바라며 불안해한다. 그리고 혹시 모를 적에 대비하여 이중 삼중으로 방법을 강구한다.
세상살이란 참 묘한 것이어서 내가 다른 사람을 해코지 하지 않았더라도 내게 있는 것을 탐내는 사람이 있게 마련이다. 이런 사람은 언제든 돌변하여 나를 위협하는 적이 될 수 있다.
그러므로 적을 만드는 것은 중의적이다. 나를 해치고자 하는 외부의 적 외에도 내가 주변 사람들을 적으로 만들 수도 있다. 스스로 덕을 갖추지 못하면 바로 내 옆에 있는 사람이 적이 될 수 있는 것이다.
따라서 오기가 한 말은 마땅히 군주가 귀담아 들어야 할 말일 뿐만 아니라 많은 사람들이 되새겨 보아야 할 말이다. 조금이라도 가진 것이 있는 사람이라면 가까이 있는 사람에게 덕을 베풀어야 한다. 그래야 옆 사람이 내 것을 빼앗으려는 적군이 되지 않고 나를 지켜주는 아군이 된다.
적국 사람은 겉으로 드러나게 침입하지 않는다. 은밀히 숨어서 보이지 않게 해치려 드는 존재이기 때문이다. 그래서 찾아내기도 쉽지 않다. 그렇다면 어떻게 그를 대비해야 할까. 덕을 쌓음으로써 그가 침입할 틈을 원천봉쇄하는 것이다. 내가 이웃을 위하면 그가 곧 나를 지켜줄 것이니 이보다 더 튼튼한 방책이 어디 있겠는가.
덕을 닦는다는 것은 단순히 다른 사람에게 은혜를 베푼다는 말이 아니다. 오히려 나를 지키는 길이기도 하다. 금수저 논쟁이 난무하는 지금의 현실에서 깊이 새겨보아야 할 말이다.

> 치국
> 治國

작은 이익을 경계하라

臣聞兵法戒於小利
신 문 병 법 계 어 소 이

《자치통감》권70

신이 듣건대, 병법에서는 작은 이익을 경계한다고 하였습니다.

삼국시대 오나라의 손권은 사람을 쓰는 데 매우 신중했던 사람이다. 승상을 뽑을 때도 많은 사람들이 추천한 장소 대신 손소를 선택하며 이렇게 말했다.

"많은 일이 있는 지금 큰 직책을 준다는 것은 큰 책임을 주는 것이지, 우대하고자 하는 것이 아니오."

손소가 죽자 사람들은 다시 장소를 승상으로 추천했다.

"승상의 업무는 매우 번거로운데 장소는 성품이 강직하여 그가 말한 것을 좇지 않으면 장차 원망하는 마음이 생겨나 허물이 될 것이니, 이는 그에게 이롭지 않소."

손권은 태상 고옹을 승상 겸 평상서사로 삼았다. 고옹은 말수는 적었지만 행동이 항상 적절하여 손권의 감탄을 샀다.

고옹은 흐드러지게 즐겨야 하는 술자리에서도 꼿꼿한 눈길로 지켜봄으로써 사람들의 불평을 샀다. 오죽하면 손권이 불평할 정도였다. 후작에 봉해졌을 때나 재상이 되었을 때도 이 일을 집에 와서 말하지 않아 가족들이 한참 지난 다음에서야 알고 놀랄 정도로 고옹은 말이 적었다.

승상이 된 고옹은 문무의 장교와 관리를 임용하면서 각각 능력에 따라 적절하게 일을 맡길 뿐 마음으로 그들을 구별하지 않았다. 또한 정치에서 마땅히 해야 할 일을 은밀히 보고하고, 실제로 이루어지면 윗사람의 공로로 돌렸다. 또한 이루어지지 않은 일에 대해서는 끝까지 누설하지 않았다.

공식적으로 조정에서 진술할 일이 있을 때 고옹은 공손한 말씨와 안색으로 올바른 주장을 했으며, 스스로 본 것이 아니면 입을 다물고 말하지 않았다. 손권은 이런 고옹을 신뢰하여 항상 중서랑을 보내 고옹의 자문을 받아오게 했다. 손권의 뜻과 고옹의 뜻이 일치하면 일은 시행되었으나, 만약 일치하지 않았을 때는 고옹이 정색을 하고 아무 말도 하지 않았으므로 아무런 일도 시행되지 않았다.

중서랑이 물러나와 아뢰면 손권은 이렇게 말했다.

"고옹이 기뻐했다면 이 일은 타당한 것이고, 그가 말을 하지 않았다면 아직 이 일이 타당하지 않은 것이다. 나는 마땅히 이 문제를 다시 한 번 생각해 봐야겠다."

그때 장강 주변에 주둔하고 있던 여러 장수들이 제각각 공로를 세우고 스스로 드러나고자 하는 목적으로 조조의 위나라를 공격하자는 건의를 올렸다. 이에 대해 손권이 묻자 고옹이 이렇게 답했다.

"신이 듣건대, 병법에서는 작은 이익을 경계하라 이릅니다. 이들은 자신의 공로와 명성을 얻고자 하는 목적으로 전쟁을 건의한 것이지, 나라를 위한 마음으로 한 것이 아닙니다. 폐하께서는 마땅히 이를 금하셔야 합니다."

손권은 고옹의 말을 따랐다.

누구에게나 자기가 들인 노력보다 더 많은 결과를 얻고자 하는 마음이 있다. 이러한 노력과 결과의 차이를 이익이라 한다.

이익에는 큰 이익도 있고 작은 이익도 있다. 이 둘을 한꺼번에 얻을 수 있다면 더할 나위 없이 좋겠지만, 작은 이익을 좇다가 큰 이익을 놓치거나 오히려 더 큰 손해를 입는 경우가 생기기도 한다.

오나라의 일부 장수들은 자신의 명예를 드높이고 공을 세우기 위해 위나라와의 전쟁을 건의했는데, 고옹은 이러한 장군들의 얄팍한 속셈을 꿰뚫어 보았다. 국가의 영토를 넓히기 위한 대의가 아니라 개인의 공로를 올리기 위해 전쟁을 하고 싶어 한 것이다. 이러한 전쟁은 국가에 큰 손해를 끼칠 수 있다.

이처럼 작은 이익에 급급하는 것은 물고기가 낚싯밥을 무는 것과 같다. 그것이 미끼인 줄 알았다면 아무도 물지 않았을 것이나 미끼인 줄 모르기 때문에 덥석 물게 되는 것인데, 그 후의 일은 쉽게 예상할 수 있는 일이 아닌가.

그러므로 통치자는 아랫사람들이 국가의 큰 이익을 위해 일하는지, 아니면 자기 자신의 입신영달을 좇는 작은 이익을 위해 일하는지 주도면밀하게 관찰하고 분석해 보아야 한다. 작은 이익에 매몰된 아랫사람의 제안에 속아 넘어가면 나중에 아무리 가슴을 치며 후회해도 소용이 없는 경우가 많다.

전쟁의 경우에만 이런 일이 있는 것은 아니다. 모든 경우에 아랫사람은 작은 이로움을 내걸고 사탕발림하며 자신의 이익을 도모하는 경우가 많다. 이를 가려보는 지혜가 필요하다.

치국
治國

다른 사람의 공로는 기억하되 허물은 잊어라

周書曰 記人之功 忘人之過 宜爲君者也
주서왈 기인지공 망인지과 의위군자야
《자치통감》권30

《주서》에서 말하기를, "사람의 공을 기억하고, 허물은 잊어버린다면 마땅히 군주가 될 만하다."

전한시대에 진탕이라는 사람이 있었다. 당시 흉노의 질지선우가 한나라의 사자를 죽인 일이 있었는데, 한나라 조정에서는 이에 대한 조치를 제대로 취하지 못하고 있었다. 서역도호부 부교위였던 진탕은 위조한 황제의 조서로 주변에 있는 국가의 군대를 동원하여 흉노를 공격하고, 질지선우를 죽이는 대승을 거두었다.

　그러나 진탕은 점령지인 강거에서 재물을 빼앗아 자신의 이익을 취한 것이 발각되어 면직을 당했다. 면직 조치가 억울하다고 생각한 진탕은 황제에게 "강거왕의 시자는 왕자가 아니다."는 편지를 올렸다. 인질로 온 강거왕의 아들이 실제로는 왕자가 아니라는 주장이었다.

　하지만 황제가 조사해보니 강거왕의 아들이라고 하면서 인질로 온 사람은 진짜로 왕자였다. 진탕은 황제에게 거짓을 고한 죄로 재판에 넘겨져 사형 판결을 받았다.

　이 판결이 지나치다고 생각한 곡영은 황제에게 진탕을 변호하는 편지를 올려, 한나라에서는 찾기 어려운 훌륭한 장군을 죽이면 국력에 큰 손실을 가져올 것이라 주장했다. 진탕 같은 장군을 구하기가 어려운데, 거짓말을 했다는 죄로 사형에 처하는 것은 너무 지나치다는 것이다.

　이 주장의 논리로 곡영은 《주서》에 나오는 구절을 인용한다.

　"다른 사람의 공로를 기억하고, 허물을 잊어버린다면 마땅히 군주가 될 만한 사람이다."

　곡영의 편지를 본 한나라 황제는 진탕을 면직하고 백의종군 시켰다.

　그때 서역도호 단회종이 흉노의 오손 군대에 포위되었으니 성곽과 돈황의 병사를 징발하게 해달라는 편지를 보내왔다. 한나라 조정에서는 이에 대해 며칠 동안 의논했지만 결론을 내리지 못했다.

그러자 승상 왕봉이 진탕을 부를 것을 제안했다. 진탕은 계책이 많고 외국에 관한 일을 잘 알고 있으니, 해결책을 물어보기에 가장 적합한 인물이라는 것이다.

황제가 진탕을 불러 상황을 설명하고 어찌 해야 하는지 물었다. 진탕은 이렇게 대답했다.

"한나라 병사 한 명을 흉노의 병사 다섯이 감당합니다. 그들의 칼은 무디고 활은 날카롭지 않습니다. 단회종을 포위하고 있는 무리는 단회종을 이기기에는 부족하니 폐하께서는 걱정하지 않으셔도 됩니다.

게다가 성곽과 돈황의 군사들이 서역도호까지 가기에는 시간이 너무 많이 걸려 위급한 상황을 구하는 데는 오히려 도움이 되지 않습니다. 오손의 군대는 오합지졸이어서 오래 공격하지도 못할 것이니 지금쯤이면 이미 포위가 풀렸을 것입니다. 닷새 안에 좋은 소식이 올 것입니다."

진탕의 말대로 나흘 후에 서역도호의 포위가 풀렸다는 편지가 날아오자, 대장군 왕봉은 진탕을 종사중랑으로 천거하고 군사의 일을 전담하게 했다.

군주는 적재적소에 알맞은 인재를 쓸 줄 알아야 한다. 그러기 위해서는 능력 있는 사람을 알아보는 안목이 있어야 한다. 고결한 인품을 갖추고 매사에 정의롭고 용맹한 사람을 찾을 수 있다면 더할 나위 없는 왕의 복이지만, 그러나 실제로 그런 사람을 찾기란 하늘의 별을 따는 것보다 더 어렵다.

사람에게는 누구나 장점도 있고 단점도 있다. 아무리 유능한 사람이라 할지라도 어쩌다 궁지에 몰리면 자신을 보호하기 위해 불의에 의지하는 경우가 있다. 이때 그의 허물을 냉정하게 단죄하여 내칠 것인지, 아니면 그의 능력을 얻기 위해 허물을 덮어줄 것인지 결정해야 하는 것이 통치자의 직무이다.

진탕은 재물을 취하는 데 청렴하지 못했고, 그 허물을 가리기 위해 거짓말을 했지만, 전쟁에 대해서는 누구보다도 유능했다. 그러니 작은 허물을 단죄하여 그를 내친다면 그가 갖춘 유능한 전쟁 수행 능력까지 잃어버리는 일이 될 것이다. 곡영은 이를 지적한 것이다.

군주는 나라를 다스리는 사람이다. 나라를 위해 일할 수 있는 훌륭한 능력을 가진 사람이라면, 그가 저지른 작은 허물을 용서함으로써 새롭게 환골탈태할 수 있는 기회를 제공할 수 있어야 한다. 그것 또한 군주의 능력이다.

치국
治國

호랑이를 기르려면 배가 부르게 하라

養將軍譬如養虎 當飽其肉 不飽則噬人
양 장 군 비 여 양 호 당 포 기 육 불 포 칙 서 인
《자치통감》권62

장군을 키우는 것은 호랑이를 키우는 것과 같아서 마땅히 고기를 배불리 먹여야 합니다. 배부르지 않으면 장차 사람을 깨물어 삼킬 것이기 때문입니다

삼국시대 장수인 여포는 힘은 장사였지만 꾀와 지조가 없는 사람으로 알려져 있다. 그는 먼저 정원과 함께했으나 정원을 죽이고 동탁에게 갔고, 다시 왕윤과 연합하여 동탁을 죽이는 등 이 사람 저 사람 가리지 않고 눈앞의 이익에 따라 동맹을 맺거나 배신을 했다.

　여포는 원술과 연합하기 위해 혼인관계를 맺기로 하고, 자신의 딸을 원술에게 시집보내고자 출발시켰다. 그런데 원술과 여포의 결합을 못마땅하게 여긴 진규가 여포에게 원술보다는 조조와 가깝게 지내는 것이 좋을 것이라고 유세하자, 여포는 귀가 솔깃하여 원술에게 가고 있는 딸을 다시 데려와 버렸다. 원술과의 동맹 약속을 깬 것이다.

　여포는 이제 조조에게 충분한 대우를 받을 것이라 기대했다. 조조도 이에 호응하여 여포에게 좌장군의 벼슬을 주었다. 이에 감격한 여포는 진규의 아들 진등을 조조에게 보냈다. 조조가 더 큰 선물을 내려줄 것이라 기대했던 것이다.

　하지만 여포와 생각이 달랐던 진등은 조조에게 이렇게 말했다.

　"여포는 용맹하기는 하지만 꾀가 없기 때문에 거취(去取)에 경솔합니다. 그러니 의당 그를 일찍 도모해야 합니다."

　조조도 진등의 말에 동의했다.

　"여포는 이리 새끼 같은 야수의 성질이 있어서 진실로 오래 기르기 어려우니, 경이 아니면 그 진실과 허위를 헤아릴 수 없소."

　이렇게 하여 여포를 쓰면 안 된다는 합의가 이루어졌고, 진등만 조조로부터 높은 벼슬을 받았다.

　여포는 조조로부터 아무런 선물도 받지 못한 채 빈손으로 돌아온 진등에게 화가 났다. 그는 진등 부자가 자기를 이용했다고 윽박지르며 화를 냈다. 진등에게는 일촉즉발의 위기 상황이 된 것이다.

진등은 천천히 여포를 달랬다.

"저 진등이 조공을 만나서 '장군을 키우는 것은 호랑이를 키우는 것과 같아서 마땅히 그에게 고기를 배불리 먹여야 합니다. 그가 배부르지 않으면 장차 사람을 깨물어 삼킬 것이기 때문입니다.'라고 말했습니다.

그러자 조공이 '경의 말과 같지 않소. 장군을 키우는 것은 독수리를 키우는 것과 같아서 굶주리면 써먹을 수 있지만, 배가 부르면 날아가 버리는 것이라오.'라고 답했습니다."

즉 자신은 조조에게 여포가 호랑이 같으니 먹을 것을 많이 주라고 했지만, 조조는 여포가 독수리 같아서 날아가지 않을 정도로만 먹이를 주는 것이 옳다고 했다는 것이다.

진등은 여포에게 자기와 조조가 대화한 내용을 정반대로 말하고 있다. 자신은 여포를 호랑이에 비유하여 먹을 것을 많이 주라고 함으로써 여포가 바라는 것처럼 높은 관직을 주리고 조조에게 주청했다는 것이다.

이에 대해 조조는 여포를 독수리같이 높이 평가하여 진등의 건의대로 높은 관직을 주면 떠날까 두렵기 때문에 높은 관직을 줄 수 없다고 대답했다고 설명했다. 이 말을 들은 여포는 비록 기대했던 높은 벼슬은 얻지 못했지만 조조에게 인정받았다며 즐거워했다. 진등의 화술에 넘어간 것이다.

사람은 혼자서 일을 할 수 없기 때문에 다른 사람을 부려야 한다. 그런데 사람을 잘 부리려면 먼저 그 사람의 성질을 잘 알아야 한다. 아무리 밑에 두고 부리는 사람이라 하더라도 지나치게 그 사람의 성질과 맞지 않는 일을 시킨다면 일의 효율도 떨어질 뿐더러 오히려 골칫거리가 되는 수가 있다.

그런데 아랫사람을 부리는 방법에는 서로 상반된 두 가지가 있다. 하나는 대우를 잘 해 줌으로써 다른 곳에 가 보았자 여기만 못할 것이라는 믿음을 주어 충성하게 만드는 방법이다. 이것이 호랑이로 대우하는 방법이다.

다른 하나는 겨우 죽지 않을 정도로 대우하여 차마 다른 곳으로 빠져 나갈 엄두를 내지 못하게 하는 것이다. 독수리로 대하는 방법이다.

아랫사람을 호랑이로 볼 것인가, 아니면 독수리로 볼 것인가 판가름 할 수 있는 안목이 없다면 사람을 잡을 수도 이용할 수도 없다. 덮어 놓고 잘 대해 주는 것도, 덮어 놓고 야박하게 대하는 것도 모두 옳은 것이 아니기 때문이다.

사실 조조와 진등은 여포를 호랑이로 보거나 독수리로 본 것이 아니고 이리 새끼로 보았을 뿐인데, 진등은 공연한 말로 여포를 띄워 준 것에 불과하다. 여포는 이를 몰랐으니, 그는 호랑이도 독수리도 아니었다.

치국
治國

천리마라면
죽은 것이라도 사라

死馬且買之　況生者乎　馬今至矣
사 마 차 매 지　황 생 자 호　마 금 지 의

《자치통감》권3

죽은 말도 사는데, 하물며 산 것이야! 말이 이제 곧 도착할 것입니다.

전국시대에 연나라 왕 희쾌는 나라를 다스릴 능력은 없으면서도 성인군주라는 말이 듣고 싶어 재상 자지에게 정치를 물려주었다가 결국 왕의 자리를 빼앗겼다. 이러한 정변은 내부적인 혼란을 가져와 연나라는 이웃하는 제나라의 간섭을 받으며 거의 망할 지경에 이르렀다. 제나라의 군대가 물러간 뒤에도 연나라의 형편은 말이 아니었다.

이때 새로 등장한 소왕이 연나라를 다시 부흥시키고자 마음먹고 현명한 사람을 불러들이고자 했다. 소왕이 재상 곽외에게 인재를 불러모을 수 있는 방법을 물었더니, 곽외는 대뜸 먼저 재상인 자기를 잘 대우하라고 했다. 곽외는 고사를 들어 그 이유를 설명했다.

"옛날 임금 중 데리고 있던 사람에게 천금을 주어 천리마를 구해오도록 한 사람이 있었습니다. 그런데 천리마가 이미 죽어버리자, 심부름을 갔던 사람은 죽은 천리마의 머리를 오백금에 사왔습니다.

임금이 크게 화를 내자 그 사람은 '죽은 말을 샀는데 하물며 산 말인들 못 사겠습니까? 말이 곧 도착할 것입니다.'라고 말했습니다. 그 후 1년도 안 되어 도착한 천리마가 3필이나 되었습니다.

왕께서 반드시 선비를 오게 하고 싶다면 먼저 저 곽외로부터 시작하시면 어떠합니까? 그러면 저보다 현명한 사람이 어찌 천리가 멀다 하겠습니까?"

이 말을 들은 소왕이 곽외를 위해 궁실을 고쳐 지어주고 스승으로 섬겼다. 이러한 소문이 바로 천하에 널리 퍼졌고, 각지의 선비들이 앞다투어 연나라로 모여들었다. 위나라에서는 악의가 오고, 조나라에서는 극신이 왔다.

소왕은 악의를 부재상인 악경으로 삼고 국정을 맡겼다.

말 가운데 아주 좋은 말은 하루에 천 리를 달릴 수 있다고 하여 천리마라고 한다. 이런 말은 다른 말의 몇 배로 쓸모가 있기 때문에 아주 귀하게 여겨졌다. 사람으로 비유하자면 아주 유능한 사람을 이르는 말이 된다.

국가나 회사가 부강해지려면 우수한 인재를 많이 발굴하여 일을 시킬 수 있어야 한다. 그들의 머릿속에서 나오는 결과물들은 그를 소유한 국가나 회사의 이로움이 되기 때문이다. 그래서 인재의 중요성은 아무리 강조해도 지나치지 않다.

이런 까닭에 연나라의 소왕은 나라를 구할 인재를 구하고자 했던 것이다. 소왕은 좋은 대우를 제공하며 유능한 인재를 모신다는 광고를 냈지만, 문제는 그 광고를 어떻게 믿을 수 있느냐 하는 것이었다.

그리하여 곽외는 자신부터 대우하라고 소왕에게 말했다. 별로 유능하다고 할 수도 없는 곽외를 저렇게 극진히 대접하는 것을 보면 소왕은 진정 인재를 귀하게 여기는 사람이라고 세상 사람들이 믿게 된다는 것이다. 즉 자신을 죽은 천리마의 머리라 생각하고 오백금에 산 사람이 되라는 뜻이다.

곽외의 전략은 성공하여 사방으로부터 인재들이 연나라로 찾아들었다. 이들로 인하여 연나라는 내치가 안정되고, 외교적 수완이 발휘되었다. 그리고 마침내 연합군을 결성하여 연을 쳤던 원수의 나라 제나라를 응징할 수 있었다. 연합군을 막지 못한 제나라는 왕이 죽고, 성 70여 개를 연나라에 빼앗겼다. 연나라로서는 통쾌한 복수를 한 셈이다.

죽은 천리마를 오백금이라는 엄청난 금액에 사들이면, 이 소문을 들은 사람들이 산 천리마를 팔고자 저절로 찾아오게 된다는 말은 곱씹어 볼 필요가 있다.

특히 국가나 회사를 부강하게 하려는 지도자라면 죽은 천리마를 오백금에 사오는 결단이 필요하다. 이는 지도자가 가져야 할 중요한 태도다. 인재를 우대한다는 소문이 인재를 불러들이기 때문이다.

가마솥의 끓는 물을 식히려면
아궁이의 장작불을 꺼내라

揚湯止沸 莫若去薪
양 탕 지 비 막 약 거 신

《자치통감》권59

가마솥의 끓는 물을 식히려면 아궁이의 장작불을 꺼내라.

후한 영제 시기는 대단히 혼란스러웠다. 영제는 당시 권력을 휘두르던 환관들에 의해서 당숙 환제의 후계자로 지목되어 13세의 나이로 즉위했다. 당시의 정치의 실권은 십상시로 불리는 장양과 조충 등의 환관들에게 있었다.

영제의 재위 기간에 황건의 난이 일어나자 이를 진압한다는 명목으로 사방의 영웅호걸들이 군사를 일으켰고, 이들은 황건적이 격파된 다음에는 정치에 관여하기 시작했다. 그 대표적인 세력이 황보숭, 노식, 동탁, 조조, 원소 등인데, 이들은 자연스럽게 그동안 권력을 잡았던 환관 세력과 맞물려 가며 권력 쟁탈전을 벌였다. 이 시기에 환관과 군사 세력의 중간 지점에 있던 사람이 바로 하진이다.

영제가 죽자 하진의 누이인 하 태후의 아들 유변과 왕 미인의 아들 유협을 두고 황위 쟁탈전이 벌어졌다.

영제는 죽으면서 건석에게 유협을 황제로 세울 것을 부탁했다. 건석은 하진을 먼저 죽인 뒤 유협을 황제로 세우려 했지만, 이 계획이 탄로나면서 유변이 황제가 되었다. 이때 유변의 나이는 14세였으며, 하진은 조정의 정권을 잡게 되었다.

하진이 요직에 있게 되자 군사력을 가진 원소는 환관 세력을 다 죽이라고 권했다. 원소의 권고가 옳다고 신뢰한 하진은 원소를 요직에 기용하고, 태후에게 중상시 이하의 사람을 모두 파직시킬 것을 청했다.

그러나 환관을 자기의 수족으로 생각한 하 태후는 전통이라는 말로 동생 하진의 요청을 거절했다.

원소는 지금 환관을 없애지 않으면 나중에 큰 근심이 된다고 하진에게 계속 강조했다. 원소는 막강한 군사력을 갖고 있으며 많은 사람들의 지지를 받고 있는 하진만이 환관을 없앨 수 있다고 부추기며 천하의 걱정거리를 제거하여 후세에 이름을 남길 수 있는 기회를 잃지 말라고 재촉했다.

하진이 원소와 황태후 사이에서 이러지도 저러지도 못하자 원소는 사방에 있는 맹장과 호걸을 불러 군사를 이끌고 경성으로 가서 태후를 위협하게 했다. 원소는 하진도 이 일에 곧 동참할 것이라 생각했지만, 하진은 받아들이지 않았다.

이 문제를 두고 이렇게 우왕좌왕하는 것을 본 조조가 말했다.

"환관에게 맡기는 벼슬은 예나 지금이나 마땅히 있어야 하는 것이지만, 세상의 주인이 그들에게 권세와 총애를 빌려주어 지금의 이 지경에 이르게 하면 안 되는 것이다.

그들의 죄를 다스리고 그 중 원흉을 베는 일은 옥리 한 명으로도 충분할 것인데, 어찌 이리 시끄럽게 바깥에 있는 군사를 부르려 하는가? 이늘을 다 베고자 한나면 일이 반드시 탄로 날 것이니, 나는 그 일이 실패할 것임을 알겠구나."

하진은 이 문제를 동탁을 불러 해결하려고 했다. 동탁은 오래전부터 조정의 명령을 듣지 않기로 유명한 장수였다. 그는 전에 이미 영제의 명령을 거부하고 하동에 군대를 주둔시킨 채 시국의 변화를 관망하고 있는 상태였다.

그런 동탁을 불러오겠다고 하자 여러 사람이 나서 동탁과 결탁하는 것은 마땅치 않은 일이라 말했다. 그러나 하진은 듣지 않았다.

동탁은 하진이 자신을 불렀다는 이야기를 듣고 즉시 길을 나서며 편지를 올렸다.

"중상시 장양 등이 총애를 훔치고 은총을 입어 나라를 어지럽혔습니다. 신이 듣건대 끓는 물을 퍼내어 물이 끓는 것을 막는 것은 땔나무를 없애는 것만 못합니다. 이제 신이 종과 북을 울리며 낙양으로 가오니 청컨대 장양 등을 잡아 간악하고 더러운 것을 청소하게 해 주소서."

동탁은 지금의 혼란은 환관만 제거하면 간단히 끝날 것이라고 자신했지만, 하 태후는 환관을 제거해야 한다는 동탁의 청을 듣지 않았다.

이를 본 하묘가 형인 하진에게 말했다.

"우리가 처음에 남양에서 왔을 때는 모두 가난하고 비천했는데, 환관에 의지하여 부유하고 고귀한 지금에 이르렀습니다. 국가의 사무가 쉽지 않은 일이지만 엎어진 물은 주워 담을 수 없으니 깊이 생각하시어 환관들과 화목하게 지내야 합니다."

세상살이는 결코 만만치 않으며 삶에는 정답도 없다. 삶은 선택의 연속이며, 선택은 삶을 좌우한다.

하진은 자신을 권력자로 키워준 환관 세력과 그들을 척결하라는 군사 세력 중에서 어느 한 쪽을 선택해야 하는 지점에 서 있었다. 하지만 하진은 둘 사이에서 이러지도 못하고 저러지도 못한 채 우유부단하게 시간만 끌다가 비참한 최후를 맞이하고 말았다.

동탁은 환관만 제거하면 정치적 혼란이 해결된다는 생각을 가지고 있었다. 그래서 "끓는 물을 식히려면 백 사람이 끓는 물을 퍼내는 것보다 불을 지피고 있는 한 사람이 아궁이의 장작을 꺼내는 것이 더 낫다."라고 말한 것이다. 그러나 현상을 유지해야 하는 하 태후의 입장에서는 이미 엎어진 물이니 주워 담을 방법이 없는 일이라고 버티었다.
　후한 말은 변화가 들끓는 시기였다. 새로운 질서는 아직 생기지 않았고, 구질서는 무너져 가고 있었다. 끓는 물을 식히려면 아궁이에서 장작불을 꺼내야 하는 시대였던 것이다. 이것이 새로운 질서를 빨리 만들어 가는 방법이다.
　이럴 때는 반드시 하묘처럼 이왕 엎어진 물을 어찌 할 것인가 자조하며 현상 유지를 원하는 사람도 있게 마련이다. 하지만 새로운 세상을 원하는 개혁적 인물이라면 마땅히 장작 꺼내야 한다.
　동탁은 확실히 진보적인 말을 했다. 그러나 그는 말과는 달리 환관을 제거하는 일은 하지 않았다. 실제로 환관 세력을 척결하여 아궁이에서 장작불을 꺼낸 이는 원소와 원술, 조조 등의 군사 세력이었다. 말만 하고 행동으로 움직이지 않은 동탁은 결국 그가 믿었던 양아들 여포에게 죽는다.
　이러한 혼란기를 거치며 한나라 왕조는 종말로 치달았고, 이어서 삼국시대가 전개되게 된다.

사람을 쓸 때
장점을 귀하게 여겨라

忘其短 而貴其長
망기단 이귀기장

《자치통감》권68

그 단점을 잊고 장점을 귀하게 여긴다.

후한 조조와 손권, 유비가 각축전을 벌일 때의 이야기다. 이 세 세력이 손에 넣으려는 지역은 형주였다.

　유비는 전한시대 황제인 경제의 후손으로 일찍이 아버지를 여의고 신발과 돗자리를 팔아 생계를 유지하던 인물이었는데 관우, 장비와 도원결의를 맺은 후 황건의 난에서 전공을 세워 벼슬길에 올랐다.

　그러나 유비의 관직은 오래 유지되지 못했다. 쫓기는 신세가 된 유비는 공손찬에게 의탁했고, 원소와의 대전에서 승리하여 공을 세웠다. 그 후에는 조조에게 대항하는 서주목 도겸을 도왔고, 그가 죽은 후 서주목의 자리를 이어받았다. 하지만 여포의 공격으로 서주를 빼앗기게 되었을 때는 조조의 도움을 받아 여포를 물리치기도 했다.

　이후에도 유비는 조조와 반목하기도 하고, 도움을 받기도 하는 관계를 유지하다가 급기야 조조를 모살하려는 계획에 동참하게 된다. 그러나 이 계획이 누설되면서 유비는 하비로 도망쳤고, 원소와 동맹한 전투에서 조조에게 패하면서 형수복 유표에 의탁하는 신세가 되었다. 이때 삼고초려로 제갈량을 포섭하는 데 성공하면서 유비는 형주에서 기반을 구축하게 된다.

　그런데 유표의 아들인 유종이 조조에게 항복하면서 조조의 대군이 형주를 공격해 들어오자, 유비는 오나라의 손권과 동맹하여 적벽 전투에서 조조를 대파하고 형주를 확보했다. 이로써 손권은 형주의 동쪽을, 유비는 형주의 서쪽을 점령하여 다스리게 되었다.

　손권과 유비, 그리고 조조는 형주를 두고 계속 대결했다. 유비는 관우를 내세워 형주를 장악하려 했고, 손권은 여몽을 내세웠으며, 조조는 조인으로 하여금 형주로 진출하게 했다. 형주를 둘러싼 이 대결은 조조와 결탁한 손권이 여몽으로 하여금 관우를 격파하게 하면서 끝이 났다. 결국 손권이 형주를 차지한 것이다.

훗날 손권은 육손에게 자신이 귀하게 여겼던 부하 장수 주유와 노숙, 여몽에 대해 말했다.

"굳세고 맹렬한 주유는 담력과 지략을 겸비한 사람으로 형주를 개척했으니 그에 필적할 사람이 없다.

노숙은 주유를 통해서 내게 왔는데, 내가 한가하게 말하는 일에 대해서도 그는 항상 제왕으로서의 대업을 이루기 위한 책략을 말하곤 했다.

여몽이 젊었을 때는 어려운 일이든 쉬운 일이든 사양하지 않고 과감하게 행동하여 담력이 큰 사람이다 생각했는데, 거기에 학문까지 더하여 헤아림과 지략을 갖추었다. 지략으로 말하자면 여몽은 주유의 다음이라고 할 수 있지만 따지고 보면 이것은 그가 자신의 영특함을 말로 드러내는 실력이 주유에 미치지 못했을 뿐이다. 여몽이 관우를 잡은 계책은 노숙보다 나았다.

이처럼 나는 단점은 잊고 장점을 귀하게 여겨 사람들을 다룬다."

'교인자 견기단(敎人者 見其短)'이라는 말이 있다. 사람이라면 누구나 장점과 단점이 있는데 만약 교육자라면 상대방의 단점을 보는 데 주목해야 한다는 뜻이다. 이는 상대방의 단점을 지적하여 수치심을 야기하라는 것이 아니라 상대방의 부족한 점을 찾아 그것을 채울 수 있는 방법을 모색함으로써 더 나은 삶을 살아갈 수 있도록 도우라는 뜻이다.

그러나 사람을 부리는 통치자나 경영자라면 사람을 대하는 방법이

달라야 한다. 상대방의 단점은 잊고 장점을 귀하게 여겨야 하는 것이다.
 이들과 함께 한다는 것은 그들의 재능을 적재적소에 사용하여 원하는 목표를 이루어 나가는 것이다. 그런데 자꾸 상대방의 단점을 들추어 나무라다 보면 서로 간의 신뢰가 깨지면서 그가 가진 장점과 사람마저 잃게 된다. 그래서 손권은 사람을 쓰려고 할 때 그의 단점은 잊고, 장점을 귀하게 여겨 다루라는 경계의 말을 남긴 것이다.
 유비의 호랑이 같은 장수 관우를 잡은 여몽이 완벽한 사람이 아니라는 것을 손권은 잘 알았다. 그러나 그가 가지고 있는 장점을 높이 샀기 때문에 손권은 유비와의 경쟁 관계에서 여몽을 통해 관우를 잡는 승리를 거둘 수 있었다. 손권의 뛰어난 용인술은 부하의 장점을 잘 파악하고 이를 썼던 데 있었던 것이다.

치국
治國

주군을 떨게 하는 공로 뒤에는 죽음이 기다린다

威震其主 功蓋一國 求不死 得乎
위 진 기 주 공 개 일 국 구 불 사 득 호
《자치통감》권76

위엄이 주군을 떨게 하고, 공로가 온 나라를 덮으니, 죽지 않기를 구하여도 얻을 수 있겠습니까.

삼국시대 오나라에 제갈각이라는 사람이 있었다. 제갈각은 제갈량의 형인 제갈근의 아들로, 손권의 총애를 받아 무월장군과 단양태수를 지냈으며 승상인 육손이 죽은 후에는 대장군으로 임명되어 형주의 일을 담당했다.

손권이 죽은 후 제갈각은 9살의 손량을 오나라의 두 번째 황제로 즉위시키며 섭정을 맡았다. 제갈각은 전권을 행사하며 선정을 펼쳐 많은 백성들의 신망을 받았다. 또 위나라의 침략을 막아 대승을 거둠으로써 양도후에 봉해졌으며, 여기에 덧붙여 형주와 양주목까지 받았다.

이런 상황이 되자 오나라와 대치하는 입장인 위나라의 대장군인 사마사는 제갈각에 대한 걱정을 하지 않을 수 없었다.

그때 광록대부 장집이 말했다.

"제갈각이 비록 전쟁에서 대첩은 했으나 주살되는 것을 볼 일이 멀지 않았습니다."

"무슨 연고로요?"

사마사가 묻자 장집이 대답했다.

"그의 위엄이 주군을 떨게 하고, 그의 공로가 온 나라를 덮었으니, 죽지 않기를 구한다 해도 이를 얻을 수 있겠습니까?"

아니나 다를까, 오나라의 군권을 쥐고 조정을 휘어잡은 제갈각은 위나라와의 전투에서 대승을 거두자 자신감에 가득 차서 다시 군대를 출동시키려 했다.

하지만 당시는 한참 더운 때여서 질병이 돌 위험이 높았다. 이런 이유로 많은 사람들이 출정을 반대했지만, 제갈각은 고집을 꺾지 않고 군대를 내보냈다. 이렇게 출동한 병사의 대부분이 병들자, 제갈각은 직접 구원에 나섰다. 하지만 군대의 상황은 그로서도 어떻게 해 볼 수 없는 지경이어서 그냥 슬그머니 회군해 버리고 말았다.

손준은 이와 같이 안하무인인 제갈각을 제거해야겠다고 결심했다. 그는 황제에게 제갈각이 변란을 일으키려 한다고 아뢰고, 황제가 개최하는 연회에 복병을 숨겨 제갈각을 제거할 계획을 세웠다.

그리고 혹시라도 제갈각이 연회에 참석하지 않을 것을 염려하여 직접 그를 찾아갔다. 손준은 몸이 불편하면 연회에 참석하지 않아도 된다고 말함으로써 제갈각을 안심시켰다. 제갈각은 연회에서 독주가 나올 수도 있다고 의심하고, 연회에서 마실 술을 직접 싸가지고 갔다.

연회가 한참 진행된 후 황제가 자리를 뜨자 손준이 외쳤다.

"황제께서 제갈각을 체포하라는 조서를 내리셨다! 제갈각을 추포하라!"

깜짝 놀란 제갈각이 칼을 뽑으려 했지만, 손준의 칼이 더 빨랐다. 손준은 제갈각과 그의 두 아들을 죽여 석자강에 던졌다.

전쟁을 지휘하는 장수는 부하들에게 큰 공로를 세우라고 격려한다. 전쟁에서 공을 세우면 그에 걸맞은 상이 내리기 때문에 부하들은 목숨을 걸고 전쟁터로 나간다.

병사들에게 있어 전쟁은 곧 삶의 방편이다. 공을 세우면 상금을 받기도 하고, 적으로부터 빼앗은 재물이나 여자를 나누어 받을 수도 있으며, 경우에 따라서는 땅을 다스릴 수 있는 관직을 받을 수도 있기 때문이다.

유방은 항우와 대결하는 과정에서 자기 힘으로는 관동 지역으로 진출할 수 없게 되자 한신과 팽월, 영포에게 항우의 땅을 빼앗으면 그것을 그대로 주겠다고 약속했다. 이와 같은 예를 통해 사람들은 공을 많이 세우면 세울수록 좋은 일이라고 생각했다.

하지만 공도 적당히 세워야 한다. 자신을 부리는 사람보다 더 많은 공을 세우면 오히려 위험해지기 때문이다. 이런 일이 역사에서는 종종 나타난다.

위나라의 장집은 제갈각의 미래를 정확하게 예측했다. 제갈각은 자신의 공을 내세우며 황제를 능멸하고 무소불위의 권력을 휘두르다 결국 손준에게 살해되었으니 장집의 말은 정확하게 들어맞은 것이다.

그런데 주군보다 뛰어난 공을 세운 것은 제갈각뿐만이 아니었다. 제갈각의 운명을 예견한 장집의 안목 역시 그의 주군인 사마사를 뛰어넘는 것이었다. 사마사는 장집을 경계했고, 장집은 결국 사마사에게 죽임을 당했다.

《자치통감음주》를 단 호삼성은 '장집이 제갈각을 헤아려 본 것은 비록 적중했으나, 장집 역시 끝내 사마사에게 죽었다. 사마사는 정치를 전횡하면서 재주 있고 지혜로운 사람을 시기했고, 자기와 다른 사람을 질시했는데, 하물며 장집처럼 빛나는 사람을 어떻게 했겠는가?'라고 논평했다.

제갈각의 미래를 점친 사람은 장집 말고도 등애가 있었다. 등애는 사마사의 안목에 앞섰지만 줄곧 사마사에게 붙어 살아남을 수 있었다. 그러나 그도 결국 사마사의 뒤를 이은 사마소 시절에 죽었다.

자기가 모시는 주군의 시기를 불러올 만한 재주와 공로는 위험한 것이다. 공로가 상을 줄 수 없을 정도로 크다면 그 다음에는 위기가 닥치

치국(治國) 편 **181**

게 마련이다. 그래서 재주는 자랑하거나 드러내는 것이 아니다. 주군에게는 항상 "저는 항상 주군만 못합니다."라는 믿음을 주어야 살아남을 수 있다.

만약 주군을 뛰어넘어 최고의 자리에 올랐다 하더라도 자기의 모든 것을 공개하는 것은 위험하다. 재주와 공로를 모두 공개한다는 것은 자신의 밑천을 모두 다 내보이는 것과 같다. 이는 내가 모르는 곳에서 나를 무너뜨릴 준비를 하고 있는 경쟁자나 적에게 큰 기회를 안겨주는 결과가 된다.

오나라의 손준은 제갈각에 비하면 능력도 부족하고 실력도 모자랐지만 제갈각이 보지 못하는 곳에서 그를 노려 성공하지 않았는가.

최고의 자리에 오른다 하더라도 항상 내 자리를 빼앗으려는 경쟁자나 적이 있게 마련이다. 그래서 정보의 관리는 아주 중요하다. 최강의 무기와 전력, 정보를 보유하는 국가에서도 숨겨놓은 비밀이 있다. 외부로 알려지는 순간 강점은 약점으로 변하기 때문이다.

따라서 서툰 자랑은 파멸로 가는 지름길임을 명심해야 한다.

치국
治國

세상에 기대지 말고
스스로를 정확히 통찰하라

不恃敵之不我攻 恃吾不可攻
불 시 적 지 불 아 공   시 오 불 가 공

《자치통감》권7

적이 나를 공격하지 않는 것을 믿지 말고, 내가 공격할 수 없는 것을 믿으라.

진나라 2세 황제 시절에 진승이라는 사람이 있었다. 기원전 247년에 시작된 진나라는 시황제 때에 이르러 중국을 최초로 통일한 거대국가가 되었다. 하지만 시황제가 죽고 그의 막내아들인 영호해가 2세 황제로 등극한 이후 폭정이 극심해지면서 몰락의 길을 걷다가 통일 후 불과 3대 16년 만에 멸망했다.

　진승과 오광은 원래 징발된 사람들을 국경 수비대로 데려가는 책임을 맡았었는데, 국경으로 가는 도중 큰 비가 와서 도착 시간에 맞출 수 없게 되자 사람들을 부추겨 모반을 도모했다. 스스로 장군이 된 진승은 사람들을 이끌고 차례로 성을 공격해 나가며 승승장구했다.

　진승의 부대가 과거 초나라 말기의 도읍이었던 진성을 점령하자 사람들은 진승에게 나라를 세우고 왕이 되라고 부추겼다. 진승은 스스로 왕이 되어 장초라는 나라를 세웠다. 그러자 진나라의 폭정에 시달리던 여러 군현들이 진승에게 호응했다.

　진승의 반란이 성공하자 중원 각지에서는 유방, 전담, 항량, 항우 등이 봉기했다. 진승이 각지로 파견한 장수들은 과거 6국의 귀족 세력과 연합하며 스스로 독립하여 왕이 되기도 했다. 조나라로 파견된 무신은 스스로 조왕이 되었으며, 위나라로 파견된 주시는 영릉군을 옹립하여 위왕을 만들었다. 다른 6국의 귀족들도 잇달아 왕을 자처했다.

　왕이 된 진승은 2세 황제의 진나라를 가볍게 여기고 그에 대한 방비도 하지 않았다. 그냥 두어도 진나라는 폭정 때문에 곧 망할 것이라 믿었던 것이다. 이에 박사 공부가 진승에게 간했다.

　"병법에서는 '적이 나를 공격하지 않는 것을 믿지 말고, 내가 공격할 수 없는 것을 믿으라.'고 하였습니다. 그러나 왕께서는 적을 믿으며 스스로를 믿지 않으시니, 넘어진 후에는 후회해도 돌이킬 수 없습니다."

진승은 공부의 말을 가볍게 받아 넘겼다.

"과인의 군대는 선생이 염려할 것 없소."

진승은 주문으로 하여금 군사를 이끌게 했다. 승승장구하던 주문이 진나라에 이르자, 위기를 느낀 진나라의 2세 황제는 대사면령을 내리고 범죄자와 노예가 낳은 아이들을 모두 사면하여 군대로 징발했다. 이들로 하여금 주문의 진승의 초군을 치게 하니, 초군은 대패하고 주문은 도망쳤다.

결국 주문은 자살하고 진승도 마부에게 살해되는 신세가 되었다.

세상살이를 생존경쟁이라고 한다. 살아가는 것은 경쟁의 연속이기 때문이다. 경쟁에는 큰 것도 있고 작은 것도 있다. 더러는 많은 사람과 협력도 하는데, 그 협력이라는 것도 알고 보면 다른 세력과의 경쟁에서 이기기 위한 것이니 협력에도 경쟁의 의미가 내새해 있는 셈이다.

《손자병법》에는 '지피지기(知彼知己)는 백전백승(百戰百勝)이다.'라는 말이 나온다. 상대방을 알고 나를 알면 백 번 싸워도 백 번 다 이긴다는 말이다.

하지만 대부분의 사람들은 '적을 아는 것'에만 집중할 뿐, '나를 아는 것'에는 관심을 두지 않는다. '나'는 항상 나와 함께하는 것이어서 어려워 할 필요 없이 쉽게 알 수 있는 것이라 여기기 때문이다.

하지만 여기서 한 걸음 멈추고 냉정하게 생각해 보자. 자기 자신에 대해서 제대로 알고 있는 사람이 얼마나 되겠는가? 실제로는 스스로에 대해서 너무 모르는 경우가 많다. 자기의 상황을 솔직하고 객관적인 기준으로 판단하는 것이 아니라 주관적인 기준으로 대하기 때문이다.

스스로를 평가할 때는 사실보다 좀더 넉넉하고 관대하게 평가하는 경향이 높다. 그래서 자신의 약점은 되도록 회피하며 생각하지 않으려 한다. 하지만 약점은 장점보다 다른 사람에게 쉽게 노출되는 것이다. 다른 사람이 나의 약점을 간파하고 있는데, 나 스스로는 알지 못한다면 이는 자기 자신에 대해서 전혀 모르는 일이 될뿐더러 실패의 기폭제를 가동하고 있는 셈이 된다.

세상을 살아가면서 우리가 알아야 할 것은 너무나 많다. 하지만 그중에서 가장 중요한 것은 자기 자신에 대해서 제대로 아는 것이다. 내가 할 수 있는 일과 할 수 없는 일을 제대로 판단하지 못한 채 모든 핑계를 세상으로 돌리는 사람들이 의외로 많다.

세상이 나를 살리는 것이 아니라 내가 세상을 만들어 나가는 것이라는 진리를 잊지 말도록 하자. 통치자라면 특히 명심해야 할 것이다. 그런 점에서 진승은 진나라의 약점만 알고 이를 믿었으며, 자기 자신이 진을 완전히 이길 힘이 없다는 것을 간파하지 못한 것이니 결국 실패할 수밖에 없었다.

귀신은 가득 찬 사람에게 해를 끼친다

치국
治國

人歸有德 神固害盈
인귀유덕 신고해영

《자치통감》 권263

사람들은 덕이 있는 사람에게 귀의하고, 귀신은 본래 가득 찬 사람에게 해를 끼친다.

당나라 말기에 발생한 황소의 난은 당나라가 멸망하는 계기가 되었다. 이 무렵 당나라 주변에서는 동서 세력이 맞붙어 주도권 다툼을 하고 있었는데, 동부 지역의 세력은 주전충이고 서부 지역의 세력은 터키계 유목민인 사타 출신의 이극용이었다.

이들은 황소의 난을 진압해야 한다는 시대적 요청에 따라 등장하여 난이 평정된 후에도 계속 주도권 경쟁을 하고 있었다. 황소의 난을 진압한 공으로 이극용은 진왕으로, 주전충은 양왕으로 봉해졌다.

서부의 사타 세력을 이끌고 중원으로 들어올 기회를 엿보던 이극용은 장안의 서쪽 지역인 홍평에서 주전충의 세력과 맞붙었다. 이 지역은 이극용의 서부 세력이나 주전충의 동부 세력 모두에게 있어 중요한 거점이었으므로 이곳에서의 승패가 향후의 향방을 결정할 만큼 중요한 요충지였다.

그런데 이극용이 보낸 군사들은 주전충이 보낸 군대에 밀리고 있었다. 결국 이극용의 아들인 이정란이 사로잡히고, 무기와 의장을 비롯한 군수품도 다 빼앗겼다. 이극용은 구원병을 보냈지만 그들은 상대방의 군대를 만나자 싸우지도 못한 채 도망쳐 결국 자주·습주·분주 세 주를 빼앗기고 말았다.

주전충의 군대가 성을 포위하여 공격하자, 이극용은 밤낮으로 성에 올라 노심초사 하느라 잠을 잘 수도, 밥을 먹을 수도 없었다. 부하 장수들을 모아놓고 작전회의를 해 보아도 성을 지킬 수 있다느니, 성에서 고립되어 죽기를 기다리느니 성을 나가 진격해 보자느니 갑론을박만 오갈 뿐, 뾰족한 대책이 세워지지 않았다. 결국 이극용은 아내의 조언을 따라 성을 지키는 쪽으로 결론을 내렸다.

며칠이 지나자 뿔뿔이 흩어졌던 병사들이 돌아오면서 이극용의 부대는 안정을 되찾았다. 이사소와 이사원은 자주 결사대를 거느리고 주전충의 부하인 씨숙종의 군대를 공격하여 승리를 거두었다. 때마침 전염병이 유행하는 바람에 씨숙종이 군대를 이끌고 돌아가자, 이사소와 주덕위는 군사를 거느리고 그들을 뒤쫓아 잃었던 세 주를 다시 빼앗았다.

하지만 그 후 오랫동안 이극용은 주전충과 감히 다투지 못했다.

"군량을 비축하지 못했으니 무엇으로 군사를 모으겠는가? 무기와 갑옷을 마련하지 못했으니 무엇으로 적을 이기겠는가? 성곽과 해자를 보수하지 못했으니 무엇으로 방어할 것인가?"

이극용의 탄식에 장서기 이습길이 기나긴 의견을 바쳤다.

"나라의 부유함은 창고의 비축에 있지 않고, 군사의 강력함은 무리의 많음에서 비롯되지 않습니다. 사람들은 덕이 있는 사람에게 귀의하고, 귀신은 가득 찬 사람에게 해를 끼칩니다.

백성의 것을 빼앗고 수탈하는 가혹한 징치는 시니은 호랑이와도 같습니다. 패업을 이룬 나라 가운데 빈곤한 군주는 없고, 강력한 장수에게 나약한 병사는 없는 법이니 바라옵건대 대왕께서는 덕을 숭상하시고, 사람들을 사랑하시고, 사치를 없애고, 요역을 감소시키며, 변경을 굳건히 하고, 군사를 훈련시키고, 농사에 힘쓰십시오.

밖으로 원흉을 쳐부수고, 안으로 나태한 습속을 제거하면 명성은 오패보다 높아지고, 도는 팔원보다 으뜸갈 것입니다."

이극용의 친군은 터키계 유목인 출신인 사타와 오랑캐들이 혼합되어 있었는데, 이들은 양민을 공격하거나 약탈하기를 좋아했다. 하동의 백성들은 이를 매우 고통스러워하고 있었는데, 이습길은 이 문제를 지적한 것이다.

이습길은 오히려 현재처럼 가진 것이 없고, 부족한 것이 많은 상황에서 다시 반전의 기회를 잡을 수 있는 것이라고 이극용을 위로했다. 당장은 급하지만 인심을 잃지 않으면 반드시 사람들이 돕고 귀신도 도울 거라는 말이었다.

하지만 창고의 저장물이 비고, 군사는 말을 팔아 자급하는 지경에 이르렀으며, 사방의 제후들이 많은 상을 내걸고 병사를 모집하는 상황에서 천하가 평정되기를 기다리기란 말처럼 쉬운 일이 아니었다. 주전충에 의해 곤욕을 당하고, 책봉 받은 땅이 점점 줄어들면서 이극용의 얼굴에는 근심이 드러났다.

이를 본 아들 이존욱이 아버지를 위로하며 이렇게 말했다.

"사물이 극에 달하지 않으면 돌아오지 않으며, 사악함이 극에 달하지 않으면 멸망하지 않습니다.

주전충이 자신의 속임수와 힘을 믿고 흉악하고 사납기가 극에 달하여 사방의 이웃을 삼키고 있으니, 사람들의 원망이 자자하고, 신은 화가 났습니다. 이는 곧 그의 끝이 다가오고 있음이니, 그는 곧 넘어질 것입니다.

우리 가문은 대대로 충정을 계승하여 비록 형세는 궁하고 힘은 꺾였지만 마음에 부끄러운 것이 없습니다. 하오니 그가 쇠약해지기를 기다려야 합니다."

이와 같은 주변의 충고를 받아들여 이극용은 비우고 물러나는 전략을 택했다.

주전충은 당 왕조를 무너뜨리고 후량을 세웠지만, 많은 사람의 반발을 샀다. 결국 이극용의 아들은 주전충이 세운 후량을 무너뜨리고 후당을 세운다.

어려움에 처해 있을수록 한 걸음 물러나 전체를 들여다보는 지혜가 필요하다. 그것이 결코 쉬운 일은 아니지만 그럴수록 심사숙고하여 새로운 활로를 찾아야 한다.

세상은 극에 달하면 더 이상 갈 곳이 없기 때문에 다시 돌아 내려오게 마련이다. 그래서 짓궂은 귀신은 특히 차고 넘치는 것에 눈길을 주는 존재인가 보다. 모자라고 부족한 곳을 건드려봐야 얻어지는 재미가 적기 때문일 것이다.

귀신은 가득 찬 사람에게 해를 끼치므로, 사악함이 극에 달해야 비로소 멸망하게 된다. 그러므로 모자라고 부족한 사람들은 지금의 역경을 딛고 한 걸음 물러나 덕을 쌓으며 때가 되기를 기다릴 줄 알아야 한다. 기다림이 열악한 현실에서 탈출할 수 있는 상책이 되기 때문이다.

5대는 53년 동안 다섯 왕조가 바뀌는 시대였다. 두 번째 들어선 왕조가 이극용계의 후당이다. 이극용계가 비록 사타 계통이지만 중원에서 왕조를 세울 수 있었던 것은 그래도 이습길 같은 장서기와 이존욱 같은 아들이 있어서 지혜롭게 물러나서 기다릴 수 있었기 때문이었다.

기다린다는 것은 가만히 있는 것이 아니라, 대책을 세우고 준비하는 것이다. 항상 부족함을 알고 이에 대해 미리 준비하는 사람에게는 꽉 찼다고 자만하는 일은 없을 것이다.

선한 일을 하는 것은
산에 오르는 일처럼 어렵다

從善如登 從惡如崩 言善之難也
종선여등 종악여붕 언선지난야

《자치통감》권71

선을 좇는 것은 산에 오르는 것과 같고, 악을 좇는 것은 산이 무너지는 것과 같으니, 이는 선을 좇는 것이 어렵다는 것을 말하는 것이다.

후한 말에 장굉이라는 사람이 있었다. 당시는 형식적으로 아직 한나라 왕조의 헌제가 있었지만 실제로는 조조가 헌제를 끼고 전국을 조종하고 있는 상황이었다.
 이때 강남 지역인 오에서는 독립 세력이 등장하는데 후에 삼국 가운데 하나인 오나라가 되는 세력이 성장하고 있었다.
 오의 시조인 손책은 장굉을 크게 신임하여 자신의 가족을 부탁하기도 했다. 손책이 자객에게 습격을 당하여 죽자 동생인 손권이 그 뒤를 이어 권력을 장악했다. 장굉은 손권을 적극 보필하여 그가 나라를 잘 다스리도록 하는 데 있어 충실한 후견인 역할을 해 내었다.
 장굉이 손권에게 오군을 벗어나 말릉군으로 도읍을 옮길 것을 주청하자, 손권은 이를 받아들여 말릉군의 건업으로 그 중심을 옮겼다.
 장굉은 손권의 식구를 맞이하기 위해 오군으로 향하던 중, 병에 걸려 죽게 되었다. 병이 깊어지자 장굉은 손권에게 전하는 편지를 써서 아들에게 맡겼다.
 "예로부터 나라나 집안을 갖고 있는 사람은 덕스러운 정치를 닦아 융성한 태평성대를 이루고자 합니다. 그러나 다스리는 데 이르면 대부분 좋은 향기를 느낄 수 없는데 이는 군주가 인정을 이기지 못한 까닭에서 비롯되는 일입니다.
 무릇 인정이라는 것은 어려운 일을 꺼리고 쉬운 일을 좇게 되는 것이며, 같은 의견을 좋아하고 다른 의견을 싫어하는 것이니, 이는 잘 다스리는 길과는 상반되는 것입니다.
 전해지는 말에 의하면 '선한 것을 좇는 것은 마치 산에 오르는 것과 같고, 악한 것을 좇는 것은 산이 무너지는 것과 같다.'고 하여, 선을 좇는 것이 얼마나 어려운지 경계하고 있습니다.

임금은 선조의 기틀을 이어받아 자연스러운 형세에 의거하고 8병의 위엄을 조종하니 다른 사람에게서 빌릴 것이 없지만, 충신은 나아가기 어려운 것을 부여잡고 귀에 거슬리는 말을 토해 내야 하므로 마음에 맞지 않는 것이 당연합니다.

그들과 떨어져 틈이 생기고, 교묘한 변론이 중간에 끼어들어 작은 충성심에 현혹되면 은혜와 아낌이 흘려 똑똑한 사람과 어리석은 사람이 뒤섞이게 됩니다. 이처럼 정이 어지럽혀지면 충신과 간신을 가려내는 순서를 잃게 됩니다.

그러므로 밝은 임금은 이것을 깨닫고 똑똑한 사람을 찾는 일에 마치 목마른 사람 같이 하므로, 간하는 말을 받아도 싫어하지 마십시오. 또한 정과 욕심을 억누르고 줄여 의로써 은혜를 잘라내면, 위에서는 한쪽으로 치우쳐 잘못되게 주고받는 것이 없어지고, 아래로는 되고자 하는 바람을 차단할 수 있을 것입니다."

손권이 장굉의 편지를 읽고 그를 기리며 눈물을 흘렸다.

'인정(人情)'이란 '사람이 본래 가지고 있는 감정이나 심정'을 뜻하는 말로, 감성에 의해 좌우되는 인간의 속성을 가리킨다. 인간의 속성에는 따뜻한 감성과 함께 냉철한 이성이 공존하고 있다.

사람들 사이의 일을 해결할 때는 따뜻한 감성으로 은혜롭게 대해야 할 때가 있고, 냉철한 이성으로 단호하게 대해야 할 때가 있다. 이 두 가지를 구분하지 못하여 모든 일을 감성적으로 처리한다면 혼란을 불러

오게 된다.

특히 정치의 영역에서는 통치자의 냉철한 이성이 필수 조건이다. 통치자가 감성에 휘둘려 인정의 포로가 되면 정치는 선이 아니라 악이 된다. 그렇기 때문에 통치자는 자신을 향한 수많은 인정과 정리를 끊고 이성적인 판단으로 통치에 임하여 정치가 선이 되도록 해야 한다.

그래서 정치의 선은 산을 오르는 것과 같이 힘들고, 정치의 악은 산이 무너지는 것처럼 걷잡을 수 없이 일어나게 된다는 것이다.

정치의 선을 쌓는 것은 산을 오르는 것처럼 한 걸음 한 걸음 단계적으로 합리적인 정책을 통해 이루어 나가야 한다. 첫 걸음으로 산 정상에 오를 수는 없는 일이 아닌가. 반면 정치의 악이 난무하면 산이 무너지듯 모든 것이 한순간에 무너지는 재앙이 되므로 특히 경계해야 한다.

미성년자에게는 허물이 없다

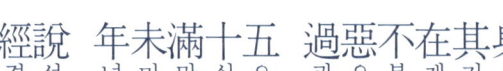

經說　年未滿十五　過惡不在其身
경설　년미만십오　과오부재기신

《자치통감》권50

경전에서 말하기를, '나이가 15세 미만인 경우, 허물과 악한 행동도 그 자신에게 있지 않다.'고 하였습니다.

후한 안제는 꼭두각시 황제였다. 황태후인 등 태후의 섭정 아래 있었으며, 등 태후가 죽은 후에는 자신을 길러준 유모 왕성과 환관, 황후 염씨의 외척 세력 등에 휘둘렸다.

친정을 시작한 후 안제는 귀인에게서 난 아들 유보를 태자로 삼았다. 당시에 권력을 잡고 있던 왕성과 강경, 번풍 등은 태자가 황제가 되면 태자의 측근에게 권력을 빼앗길까봐 걱정한 나머지 태자의 유모인 왕남과 태자의 음식을 담당하는 병길 등을 참소하여 죽이고, 그 가족들을 귀양 보냈다.

어린 태자 유보가 자기를 옆에서 돌봐주던 왕남과 병길을 생각하며 자주 탄식하자 강경과 번풍은 나중에 태자가 황위에 오르면 해를 입게 될 것을 두려워하게 되었다. 그들은 염 황후와 모의하여 안제에게 태자와 동궁의 관원을 모함했다.

어리석은 안제는 모함하는 말을 그대로 믿고 화가 나서 신하들을 불러 태자의 폐위를 논의하게 했다. 그러자 태복 내력과 태상 환언, 정위인 장호가 간언했다.

"경전에서 말하기를, '나이가 15세 미만인 경우에는 허물과 악한 행동도 그 자신에게 있지 않다.'고 하였습니다. 또한 태자의 얼굴은 왕남과 병길이 모의했다는 일을 전혀 알지 못한다고 말하고 있습니다.

그러므로 태자를 보호하고 가르치는 충성스럽고 좋은 태자태보와 태자태부를 선택하시어 태자를 예의로 보필케 하소서. 폐위는 중요한 일이므로 이것이 진실로 성은으로 마땅한지 깊이 생각하셔야 합니다."

하지만 안제가 따르지 않자, 장호가 물러나와 다시 편지를 올렸다.

"옛날에 역신 강충이 참소하여 여태자를 모함하여 죽였는데, 효무제께서는 오랜 세월이 지나서야 마침내 진실을 깨달아 이전의 과실을 되돌아보았으나 아무리 후회해도 어찌 되돌릴 수 있겠습니까.

지금 황태자께서는 열 살에 지나지 않아 태보와 태부의 가르침을 습득하지 못했는데, 어찌 급하게 책임을 물을 수 있겠습니까."

안제는 편지를 살피지도 않고 황태자 유보를 폐하여 제음왕으로 삼고 덕양전 서쪽 종루 아래에 살게 했다.

폐위된 유보는 후에 정변 속에서 다시 등극했는데, 그가 순제다. 이렇게 유보를 폐위시키고 다시 황제로 받드는 과정의 정치적 소용돌이는 후한 왕조를 혼란에 빠뜨리는 계기가 되었다.

'미성년자'는 아직 완전히 어른이 되지 못한 사람을 가리키는 말이다. 이들은 판단력이 부족할뿐더러 억울한 일을 당하더라도 스스로 자신을 보호할 능력이 없다.

이유가 어떠하든 미성년자는 성년이 될 때까지는 보호하고 가르쳐야 하는 대상이다. 그럼에도 불구하고 어느 시대이든 미성년자를 이용하여 자신의 탐욕을 채우려는 나쁜 어른들이 있다. 또한 미성년 자식을 보호하지 않는 무책임한 부모도 있다.

어떤 역사를 막론하든지 보호받지 못하는 미성년자는 가정의 비극일뿐만 아니라 국가와 사회 전체의 비극이 될 수 있다.

> 평천하
> 平天下

상황이 유리하게
변할 때까지 기다려라

觀天下之形勢　俟時事之變
관 천 하 지 형 세　사 시 사 지 변

此亦縱橫之一時也
차 역 종 횡 지 일 시 야

《자치통감》권61

천하의 형세를 보고 때에 따른 일이 변하기를 기다린다면, 이것 역시 한 시대를 종횡하는 것입니다.

후한 말, 조조가 한참 세력을 확장하고 있을 때의 이야기다. 진류 태수 장막은 젊은 시절에 협객을 좋아하여 원소나 조조와 사이가 좋았다. 그런데 동탁을 토벌하기 위해 관동 지역의 각 주와 군에서 군대를 일으켰을 때 발해 태수 원소가 맹주로 추대되면서 교만해지자 장막은 올바른 소리로 원소를 질책했다.

이에 원소가 분노하여 조조에게 그를 죽이라고 했지만 조조는 이 말을 듣지 않았다.

"장막은 친한 벗이니 시비를 마땅히 용납해야 하오. 천하가 평정되지 않았는데 어찌 서로를 위태롭게 합니까."

조조는 죽음을 각오하고 아버지의 원수인 도겸을 공격하러 나설 때도 집안사람들에게 말했다.

"내가 만약 돌아오지 않는다면 장막에게 가서 의지하라."

조조는 식량이 다 떨어져 병사를 이끌고 돌아온 뒤에는 장막을 마주 보고 눈물을 흘렸다.

조조가 다시 도겸을 공격하러 나서 여러 지역을 점령하면서 유비마저 격파했는데 이때 장막은 여포를 받아들임으로써 조조를 배반했다. 원소를 버린 여포가 장양을 따라가면서 장막이 있는 곳을 지나게 되었는데, 여포는 장막을 만나 이별하며 손을 잡고 맹세했다. 이 소식을 들은 원소는 크게 한을 품었고, 장막은 조조가 원소를 위해 자기를 죽일 것이라 생각하여 마음이 편치 않게 되었다.

구강 태수를 지낸 진류 사람 변양은 일찍이 조조를 헐뜯었다가 조조에게 가족까지 모두 몰살을 낭했다. 이 일로 연주의 사대부들이 모두 조조를 두려워했는데 그 중에서 성품이 강직한 진궁은 종사중랑 허사와 황해, 장막의 아우인 장초와 함께 조조를 배반하기로 모의했다.

진궁이 장막에게 유세하며 말했다.

"지금 천하가 나눠지고 무너져서 영웅호걸들이 나란히 일어나고 있는데, 그대는 천 리나 되는 지역의 무리를 가지고 사방에서 전투가 벌어지는 지역을 맡아 칼자루를 쥐고 좌우를 살펴보고 있군요. 족히 호걸이 될 수 있음에도 도리어 다른 사람의 통제를 받고 있으니 어찌 비루하다 하지 않겠소.

지금 연주의 군대가 동쪽 정벌에 나서 그곳이 비어 있고, 여포를 대적할 자가 없으니 그를 맞이하여 함께 연주를 다스리다가, 천하의 형세를 보고 때에 따른 일이 변하기를 기다린다면, 이것 역시 한 시대를 종횡하는 일입니다."

장막이 그의 의견에 따랐다.

살다보면 변화의 방향을 가늠할 수 없는 난세를 맞이하게 한다. 이런 시기에 잘못 행동하면 돌이킬 수 없는 지경에 이른다. 따라서 어떤 행동을 하기 전에 먼저 조용히 시대의 변화를 읽고 자신의 장점을 충분히 발휘할 수 있는 때라고 판단될 때 움직여야 한다.

그런데 시대의 변화를 읽기란 쉽지 않다. 시대를 변화시키는 요인은 아주 많기 때문에 이것들을 전부 살피자면 어떤 일이든 신중하게 판단하지 않으면 안 된다.

주변에서 전개되는 여러 가지 요인들을 하나하나 살펴본다면 아무리 난세라 하더라도 그 변화의 방향을 짐작할 수 있게 된다.

세상살이는 누가 더 시대의 변화를 잘 읽느냐에 따라 승자가 결정된다. 후한 말이라는 시대는 그야말로 난세였다. 시시각각으로 승패가 뒤바뀌는 혼란한 상황에서 오늘의 친구가 내일의 적이 되고, 어제의 적이 오늘의 친구가 되는 불신의 시대였던 것이다.

그러므로 누구와 교류하고 누구와 대항해야 하는지 결정하기가 쉽지 않았다. 그래서 진궁은 장막에게 변화를 관망하라고 권고한 것이다.

어떤 일을 하는 데는 적절한 때가 있다. 하고 싶은 일이라고 해서 언제나 할 수 있는 것이 아니다. 그래서 할 때와 안 할 때를 구별하는 지혜가 필요하다.

이처럼 때에 잘 맞추는 것을 '시의적절(時宜適切)'이라 하고, 중요한 때를 가장 잘 파악하는 사람을 '시지성(時之聖)'이라고 한다. 시지성의 대표적인 인물이 공자다.

그러기에 지금의 시절이 어떠한지 살피는 안목을 길러야 한다. 이런 안목이 없다는 것은 캄캄한 밤중에 산속을 걸어가는 것과 같다. 이때 하늘을 우러러 북두칠성이라도 보면서 방향을 가늠해야 하는데, 이것이 바로 시절을 살피는 안목에 해당하는 일이다.

그런데 밤길을 걸을 때 하늘을 우러러보는 사람은 과연 얼마나 될까? 문득 궁금해지는 바이다.

싹틀 때 잘 다스려라
작은 힘으로 큰 공을 세운다

治其微則用力寡而功多
치기미즉용력과이공다

救其著則竭力而不能及也
구기저즉갈력이불능급야

《자치통감》 권1

미미한 것을 잘 다스리면 쓰는 힘은 적고 공로는 많게 되지만, 드러난 것을 구하려고 하면 힘을 다해도 따라잡을 수 없습니다.

주나라를 세운 무왕은 은나라의 마지막 임금인 주를 정벌하고 봉건제를 실시했다. 진(晉)나라도 그때 만들어진 주나라의 제후국이다.

700여 년의 세월이 지나 위열왕 때에 이르자 진의 대부였던 위사와 조적, 한건은 진을 압박하여 세력을 장악하고 위열왕에게 제후로 올려 달라고 청했다. 원래의 법대로 하면 이들은 하극상을 자행한 것이므로 당연히 처벌받아야 한다. 하지만 위열왕은 힘 있는 이 대부들의 요구를 수용하고 이들의 신분을 대부에서 제후로 올려 주었다.

사마광은 천자가 명분 없이 이렇게 일을 처리하는 것을 중요한 시대의 변화로 보았다. 그리하여 위열왕 23년을 전국시대의 시작으로 보고, 이 해를 기점으로 《자치통감》을 쓰기 시작했다.

진나라가 세 명의 제후로 분열되는 과정을 기술하면서 사마광은 예에 대한 논의를 길게 말한다.

"신이 듣건대 천자의 직책 가운데 예보다 큰 것이 없고, 예 가운데는 분을 지키는 것보다 더 큰 것이 없으며, 분은 명칭보다 큰 것이 없다고 하였습니다.

무엇을 예라고 합니까? 기강이 바로 이것입니다. 무엇을 분수라고 합니까? 임금과 신하가 바로 이것입니다. 무엇을 명칭이라고 합니까? 공·후·경·대부가 바로 이것입니다.

무릇 사해는 넓고 억조나 되는 백성의 무리가 한 사람의 통제를 받게 되니, 예로 기강을 잡는 것이 아니겠습니까? 이러한 까닭에 천자는 삼공을 통괄하고, 삼공은 제후를 통솔하며, 제후는 경과 대부를 통제하고, 경과 대부는 사나 서인을 다스리는 것입니다."

이처럼 사마광은 예를 통해 질서를 잡을 수 있다고 강조하면서 계속 논리를 펼쳤다.

"그런데 명칭과 그릇이 이미 없어졌다면 예는 어디서 혼자 있을 수 있겠습니까? 명칭과 그릇은 다른 사람에게 빌려줄 수 없고, 오직 임금이 관장하는 것입니다. 정치가 망하면 국가도 망하는 것인데, 명칭과 그릇이 이미 혼란에 빠지면 위아래가 서로를 보존할 수 없습니다.

무릇 일은 아주 미미한 것에서 생겨나서 드러나 완성되지 않는 것이 없습니다. 성인께서 먼 장래를 염려하시어 미미한 것을 삼가면서 이를 다스리셨습니다. 미미한 것을 잘 다스리면 쓰는 힘은 적고 공로는 많게 되지만, 드러난 것을 구하려 하면 힘을 다해도 따라잡을 수 없습니다."

'사반공배(事半功倍)'라는 말이 있다. '하는 일은 반이지만 얻어지는 공로는 배가 된다.'는 뜻으로, 대단히 효율적인 경우를 이르는 말이다. 예를 들자면 기계의 발달은 짧은 시간 동안 많은 효과를 얻으려는 인간의 욕구가 반영된 '사반공배'의 현상이라 할 수 있다.

사마광은 주나라의 위열왕이 힘을 적게 들이고 공을 많이 세우는 사반공배의 방법을 쓰지 않고 힘을 다 써버리고도 목표에 도달하지 못하는 비효율적인 정치를 함으로써 천하를 혼란하게 만들었다고 신랄하게 비판하고 있다.

그렇다면 어떻게 해야 힘은 덜 들이고 업적을 많이 세우는 정치를 할 수 있을까? 이에 대해 사마광은 대답했다.

"모든 일은 아주 미미한 것에서부터 생겨나서 그것이 눈에 보이도록 드러나고, 그다음에는 완성되는 몇 단계로 진행된다. 그러므로 아직 드러나지 않은 미미한 일들을 잘 다스려 그 결과를 짐작하게 되면 사반공배를 실현할 수 있는데, 성인이라야 이런 경지에 이를 수 있다."

보통 사람들은 가까운 것만 보기 때문에 일이 벌어져 눈에 드러난 뒤에야 알게 되는 경우가 많다. 이처럼 이미 드러난 일에 대해 뒤늦게 대처해본들 힘만 들 뿐이지, 효과적인 결과를 얻을 수는 없다.

그래서 돋아나기 직전의 조그만 싹을 발견하는 것처럼 어떤 일의 조짐을 발견하는 것이 중요하다. 서리가 내린 것을 보면 머지않아 물이 얼겠구나 짐작할 수 있는데, 단지 이것으로 그쳐서 추운 겨울을 대비하지 않으면 정말 겨울이 왔을 때는 큰 어려움을 겪게 된다.

따라서 어떤 일의 조짐이 되는 싹을 보는 안목을 기르고, 이 안목을 통해 미래에 닥칠 일을 예견하며, 그 예견에 따라 필요한 것을 미리 대비해 두면 힘은 덜 들이면서 큰 효과를 얻을 수 있다.

사마광은 정치의 질서가 잡히면 큰 혼란이 없는 법인데, 이 질서가 흐트러지는 싹은 예가 무너지는 것이라고 했다.

'출필고(出必告) 반필면(反必面)'이라는 말이 있다. '외출할 때는 반드시 말씀을 드리고, 돌아와서는 얼굴을 뵈어야 한다.'는 뜻이다. 자식이 집을 드나들면서 집에 계신 제 부모에게 아무 말도 하지 않는다면 예가 무너진 것이다. 나갈 때나 들어올 때 부모의 얼굴을 뵙고 나가고 돌아왔음을 말씀드리는 것이 가장 기본적인 예이고 질서다. 출필고 반필면을 마음으로 우러나 실천하는 집안은 예의 질서가 잡혀 있기 때문에 평화로울 것이다.

우리 모두 자신의 삶을 돌아보며 예로서 질서가 잡혀 있는지 확인하여 좋지 않은 싹은 잘라내고, 좋은 싹을 기르도록 해야 한다.

평천하
平天下

성인은 현명한 사람을 길러 만민에게 이르게 한다

易曰　聖人養賢　以及萬民
역왈　성인양현　이급만민

《자치통감》권2

《주역》에서 이르기를, '성인이 현명한 사람을 기르면 만민에 미친다.'고 하였습니다.

전국시대에 4군자로 불리는 사람들이 있다. 제나라의 맹상군, 조나라의 평원군, 위나라의 신릉군, 초나라의 춘신군이다. 귀족인 이들은 경제적 여력이 있었기 때문에 똑똑한 사람들을 모아 기르며 필요할 때 적재적소에서 활용하고자 했다.

그 중에서 맹상군 전문은 설공인 정곽군 전영이 천첩에게서 본 아들이었는데, 세상을 보는 데 통달했고 지략이 뛰어났다. 그는 아버지 정곽군에게 재물을 풀어 선비를 기를 것을 건의했다.

정곽군은 전문으로 하여금 집안에서 빈객을 대접하는 일을 주관하게 했다. 빈객들은 전문의 눈에 들고자 앞다투어 그의 이름을 칭송하면서, 정곽군에게 전문을 후사로 삼으라고 청했다. 정곽군이 죽은 후 전문은 그 뒤를 이어 설공이 되었고, 사람들은 그를 맹상군이라 불렀다.

맹상군은 제후들의 유사와 죄를 짓고 도망치는 사람까지 불러모아 모두 집과 직업을 갖게 하며 후하게 대우했다. 뿐만 아니라 그들의 친척까지 구해줄 정도였으므로 그의 집에는 식객이 늘 수천 명이나 있을 정도였다. 그들은 모두 맹상군이 자기와 친하다고 생각했으니, 이로 말미암아 맹상군의 이름은 온 천하에 널리 퍼졌다.

이에 대해 사마광이 논평했다.

"군자가 선비를 기르는 것은 백성을 위한 것입니다. 《주역》에서 이르기를 '성인이 현명한 사람을 기르면 만민에 미친다.'고 하였습니다.

무릇 현명하다는 것은 그 덕이 올바른 풍속을 충분히 두텁게 만들 수 있어야 하고, 그 재주는 기강을 정돈하여 충분히 떨쳐야 하며, 그 밝기는 충분히 먼지도 비추어 알아야 하고, 먼 곳의 일까지 고려해야 하며,

그의 강함은 충분히 인과 의를 단단하게 다져야 하는 것입니다. 이러한 덕이 크면 천하를 이롭게 하고, 덕이 적다 하더라도 한 나라를 이롭게 합니다.

그렇기 때문에 군자에게는 풍성한 녹봉을 주어 부유하게 하고 작위를 주어 지위를 높이는 것인데, 이렇게 한 사람을 길러 그 효과가 만 사람에 이르게 하는 것이 바로 현명한 사람을 기르는 길입니다.

맹상군이 선비를 기르는 데는 지혜롭거나 어리석음을 가리지 않고, 선과 악을 고르지도 않았습니다. 이것은 임금의 녹봉을 도적질하여 사사로운 무리를 앞세워 자신의 이름을 높이는 것이니 위로는 임금을 모욕하는 것이고, 아래로는 백성들을 좀먹는 것입니다. 그러니 그는 간사한 사람의 영웅일 뿐 어찌 숭상할 수 있겠습니까."

사람은 세상을 살면서 윗세대를 이어 받아서 아랫세대로 이어준다. 자랄 때에는 웃어른으로부터 길러지고, 다 자란 후에는 다음 세대를 길러야 하는 것이다. 그렇기 때문에 윗세대로부터 잘 길러지지 못했다 하여 다음 세대 기르는 일을 회피하는 것은 있을 수가 없는 일이다.

이때 사람을 기르는 목적이 무엇인지가 중요하다. 무술을 가르치는 목적은 그 재주를 익혀 도적을 막고자 함이지만, 때로는 그 재주를 가르쳐 불량한 짓을 도모하려는 사람도 있다.

이처럼 나쁜 목적이라면 오히려 사람을 기르지 않는 것만 못하다. 그는 만민을 이롭게 하는 것이 아니라 해롭게 할 것이기 때문이다.

뛰어난 인재를 키우는 것을 '양현(養賢)'이라고 한다. 어떤 사람을 선택하여 후하게 대접하여 키우는 일은 그 사람의 재주를 통해 세상의 많은 사람에게 유익함을 주려는 것이다. 한 사람을 길러 수많은 사람들을 이롭게 하는 것은 그를 기르기 위해 들인 돈의 가치보다 더 많은 가치를 생산하여 세상에 기여하는 일이기 때문에 매우 중요하다.

이런 의미에서 맹상군이 사람들을 불러 모아 돌본 일은 양현이 아니다. 세상에 기여할 재능을 지닌 사람들을 돌본 것이 아니라 자신의 이름을 사방에 널리 알릴 사람들을 돌보았기 때문이다.

이것은 결국 임금에게서 받은 녹봉을 자신의 이름을 알리는 데 쓴 것이므로 위로는 임금을 모욕하고, 아래로는 백성을 좀먹은 행위라고 사마광은 신랄하게 비판하고 있다. 맹상군은 간사한 사람들의 영웅이라는 것이다.

요즘에도 부모들은 자식에게 많은 돈을 들여 교육을 시키고, 학교에서도 많은 돈을 투자하여 인재를 기르고 있다. 그런데 이렇게 교육하는 목적이 무엇인지 돌이켜 생각해 볼 필요가 있다.

우리는 과연 만인을 위한 인재를 키우는 것인가? 아니면 자기 한 몸, 또는 자기를 둘러싼 소수의 사람들만을 위한 인재를 키우고 있는 것은 아닌가? 이 질문에 자신 있게 대답할 수 있는 사람이 과연 얼마나 있을지 우려스럽지 않을 수 없다.

부모건 선생님이건 한 번쯤은 자신의 양육이나 교육의 목표를 돌아볼 필요가 있다. 내가 기르는 아이가 과연 다른 사람을 위한 인재가 되기를 바라는가, 아니면 아이 자신만을 위한 인재가 되기를 바라는가. 자기 자신만을 위하는 인재는 많은 것을 배울수록 혼란을 일으키는 장본인이 될 확률이 크다는 것을 명심할 필요가 있다.

죽을병에
좋은 의사는 없다

且死病無良醫
차 사 병 무 량 의

《자치통감》 권5

죽을병에는 좋은 의사가 없는 법이오.

전국시대에 살았던 공자의 6세손 공빈의 이야기다. 진나라가 조나라를 침략하자, 그 옆에 있는 위나라의 사람들은 대부분 그 전쟁이 위나라에 유리할 것이라고 생각했다. 진나라가 조나라를 이기면 위나라는 지금처럼 진나라를 섬기면 될 일이고, 만약 진나라가 진다면 전쟁으로 인해 피폐해진 기회를 틈타 진을 치면 된다고 생각했던 것이다.

그러나 공빈은 생각이 달랐다. 탐욕스러운 진나라는 그동안 전쟁에서 진 일이 없으므로 조나라를 이긴 후 옆에 있는 위나라로 치고 들어올 것이라 본 것이다. 공빈은 진과 조의 전쟁을 아무렇지 않게 보는 사람들을 빗대어 굴뚝에 집을 짓고 사는 참새와 같다고 했다. 굴뚝에서는 뜨거운 연기가 나오고 자칫하면 불길까지도 나오는데 그곳에 집을 짓고 편안해 하는 참새에 비유한 것이다.

공빈이 똑똑하다는 말을 들은 위왕은 그를 재상으로 임명하고자 사신을 보내면서 황금과 비단을 들려 보냈다. 이를 본 공빈이 말했다.

"만약에 왕께서 나의 도를 믿고 쓰실 수 있다면 나의 도는 세상을 잘 다스릴 수 있을 것이니 나는 채소를 먹고 물만 마신다 하여도 그 일을 할 것입니다. 하지만 나의 몸을 지배하며 복종하게 하려고 많은 녹봉을 주는 것이라면 나는 오히려 한 지아비에 지나지 않을 뿐이니 위왕이 어찌 한 지아비보다 못하겠소."

공빈의 말은 정치를 제대로 할 수 있게 해 달라는 의미다. 사신의 간청으로 공빈은 위나라의 재상이 되었다. 공빈은 왕이 총애하는 신하를 똑똑하고 재주 있는 신하로 바꾸고, 아무 일 없이 녹봉만 받는 관리의 것을 빼앗아 공로를 세운 사람에게 주었다.

이러한 개혁 정책으로 직책을 잃은 사람들이 공빈을 비방하기 시작했다. 이 소식을 전해들은 공빈이 말했다.

"옛날에 정치를 잘 한 사람도 처음에는 비방을 들었지요. 정나라의 유명한 재상 자산도 3년이 지난 다음에야 비난이 그쳤고, 나의 조상 공자께서도 석 달이 지나서야 비방이 그쳤소. 그러니 내가 비방을 받는다는 것은 알고 있다오."

즉 일정 기간 동안 참아 주어야 정치를 할 수 있다는 말이다.

공빈이 위나라의 재상이 된 지 아홉 달이 되었는데, 그동안 내놓은 여러 가지 큰 계책들이 제대로 받아들여지지 않았다. 이에 공빈이 한탄했다.

"말을 했는데 쓰이지 않는다는 것은 내 말이 적당하지 않다는 것이다. 내가 한 말을 주인이 받아들이지 않는데, 다른 사람의 관직을 차지하면서 주는 녹봉이나 받는 것은 시리소찬* 하는 일이니, 나의 죄가 깊구나."

공빈은 병이 들었다는 핑계를 대고 물러났다. 그리자 어떤 사람이 공빈에게 물었다.

"왕이 그대를 쓰지 않아서 가는 것이오?"

"장차 어디를 가겠소. 산동에 있는 나라까지 다 진에 병탄될 것이며, 의롭지 못한 진나라가 지배하게 될 것이니."

공빈은 이렇게 대답하고 집으로 돌아와 틀어박혔다.

---

* 시리소찬(尸利素餐): '시리'는 벼슬을 하면서도 도를 행할 수도 없다는 뜻이며, '소찬'은 이익을 목적으로 헛되이 임금의 녹을 먹으며 할 일을 할 수 없는 것이다.

평천하(平天下) 편

이때 신원고가 공빈에게 말했다.

"똑똑한 사람이 있는 곳에서는 교화가 일어나서 치세가 된다고 했지요. 그대가 위나라 재상이 되어서 아직 특별한 정치를 했다는 말이 없는데 물러난 것은 뜻한 바를 얻을 수 없다는 것입니까? 왜 이리 빨리 떠났습니까?"

공빈이 말했다.

"특별한 정치를 하지 않았으니 스스로 물러나는 것이지요. 죽을병에는 의사가 없는 법이요. 진은 천하를 삼킬 마음을 가지고 있는데, 의로써 섬긴다 하여도 안전을 구할 수 없습니다. 망하는 것을 구할 겨를도 없는데 어찌 이를 교화하여 일으킨단 말이오."

병에 걸린 사람은 그 병을 치료할 수 있는 좋은 의사에게 자신을 드러내 보이고, 적당한 치료를 받아야 한다. 아무리 훌륭한 의사라 하더라도 환자가 스스로 병을 치료할 의지를 버린다면 속수무책이 될 수밖에 없다. 의사는 병을 치료할 수 있는 환경이 갖추어져야 능력을 발휘할 수 있다. 이것은 나라를 다스리는 일에서도 마찬가지다.

국가는 하나의 거대한 유기체다. 그래서 어느 한 부분이라도 문제가 생기면 사람의 몸처럼 병이 난다. 백성들은 고통 속에서 살게 되고, 경제는 원활하지 않으며, 이웃나라로부터의 침략을 받게 되는 일이 벌어지는 것이다.

국가가 병이 들면 통치자는 병든 사람이 명의를 찾는 마음으로 복잡한 난국을 잘 헤쳐 나갈 수 있는 사람을 찾게 된다. 하지만 단지 사람을 찾는 데 그쳐서는 안 된다. 국가의 병을 치유할 수 있는 사람을 만났다면 그가 병을 치료하는 데 적극적으로 동참해야 한다. 유능한 사람을 영입하고서도 그가 제안하는 정책을 외면한다면 국가의 병은 더욱 깊어져 결국 멸망에 이를 뿐, 결코 건강한 국가로 재건할 수 없다.

위나라가 걸린 병은 죽을병이 아니었는지도 모른다. 안희왕이 공빈의 정책을 채용하여 적극 실행했다면 중원의 정세는 달라졌을 수도 있다. 하지만 안희왕이 국가의 병을 고칠 생각을 전혀 하지 않았으므로 결국 죽을병으로 키운 셈이다.

살릴 수 있는 병을 죽을병으로 키우는 것은 의사의 문제가 아니라 치료를 외면한 환자의 책임이 더 큰 문제인 셈이다.

선비는 분란을 해결할 뿐
물욕을 취하지 않는다

所貴於天下之士
소 귀 어 천 하 지 사

爲人排患釋難解紛亂而無取也
위 인 배 환 석 란 해 분 란 이 무 취 야

《자치통감》권5

천하의 선비들에게 귀한 것은 다른 사람을 위해 근심을 없애고 어려움을 풀며 분란을 해결하는 것이지, 물건을 취하는 것이 아니다.

전국시대 제나라 사람 노중련의 이야기다. 강성해진 진나라가 조나라를 공격하자 위기를 느낀 초나라와 위나라에서는 조나라를 구원할 군사를 보냈다. 그러자 진나라 왕은 위나라에 사자를 보내 말했다.

　"내가 공격하면 아침이나 저녁쯤에 조나라를 떨어뜨릴 수 있다. 만약 제후들 중에 조나라를 구원하는 나라가 있으면, 내가 조나라를 뽑아버리고 나서 반드시 군사를 옮겨 그를 먼저 칠 것이다."

　위나라 왕은 두려워하며 사람을 시켜 군대의 진행을 중지시키고 군사들로 하여금 성벽을 쌓도록 했다. 명목상으로는 조나라를 구원하는 정책을 취했으나 실제로는 진나라의 협박에 굴복하여 양다리를 걸친 것이다.

　위왕은 신원연 장군으로 하여금 한단으로 들어가게 했다. 그리고는 조나라의 공자인 평원군을 통해 조나라 왕을 만나 진나라를 황제국으로 만들자는 제안을 하게 했다. 진나라가 강하니 위나라와 조나라가 함께 진나라를 높여 황제국으로 만들면 진나라의 군대가 퇴각하리라 생각했던 것이다.

　한단에 있던 노중련 이 말을 듣고 신원연에게 말했다.

　"진이라는 나라는 예의를 버리고 수급의 공로를 제일로 치는 나라입니다. 방자한 저들이 천하의 황제국이 된다면 나는 동해에 뛰어들어 죽더라도 그를 위한 백성은 되지 않을 것입니다. 위왕은 진나라가 황제국이 되었을 때의 해로움을 아직 예상하지 못하고 있으나, 나는 장차 진왕이 위왕을 삶아 젓 담그게 될 것이라 생각합니다."

　노중련은 주나라의 예를 들며 만약 진나라가 황제국이 된다면 그들이 싫어하는 사람의 것을 빼앗아 좋아하는 사람에게 줄 것이며, 그들이 미워하는 사람을 빼앗아 그들이 아끼는 사람에게 줄 것이라 설명했다. 그러니 위왕이 어찌 편안함을 얻을 수 있을 것이며, 신원연에게는 어찌 지금의 총애를 이어나갈 수 있을 것인지 되물었다.

신원연은 노중련의 말에 깊이 공감하여 일어나 두 번 절하고 말했다.

"내가 이제야 선생이 천하의 선비임을 알았소. 나는 두 번 다시 감히 진을 황제국으로 삼자는 이야기를 하지 않을 것이오."

조나라의 평원군은 가르침을 준 노중련을 책봉하려고 세 번이나 사자를 보냈다. 하지만 노중련이 끝내 받아들이지 않자, 이번에는 천금을 마련하여 노중련에게 보냈다. 노중련이 웃으며 말했다.

"천하의 선비들에게 귀한 것은 다른 사람을 위해 근심을 없애고 어려움을 풀며 분란을 해결하는 것이지, 물건을 취하는 것이 아니오. 물건을 취한다면 이는 선비의 일이 아니라 장사꾼의 일인 것이오."

노중련은 평원군에게 작별 인사를 하고 떠난 뒤 죽을 때까지 다시 만나지 않았다.

사람에게는 각자의 역할이 있다. 그래서 각자의 직업이 있고, 그 직업에 따라 일하며 생을 영위한다. 중국에서는 예전에 사람을 네 종류의 직업군으로 나누고 이를 '사민(四民)'이라 했다. 농업에 종사하는 '농(農)', 물건을 만드는 '공(工)', 생산물을 운반하여 유통시키는 '상(商)', 이 세 직업군을 적절히 안배하여 정체되지 않도록 하는 '사(士)'를 말한다.

이 가운데 '사'는 모든 것을 안배하고 지휘하는 역할로, 이를 위한 권한이 주어졌다. 사람들은 '사'의 역할보다는 권한에 더 큰 매력을 느껴

'사'가 되기를 열망했다. 선비의 역할이라는 재(齋)에는 관심이 없고 선비의 권한이라는 잿밥에만 관심을 둔 것이다.

'사'의 역할을 외면한 채 '사'의 권한에만 관심을 두는 사람이 늘어나면 세상은 혼탁해진다. 그래서 시대마다 '사'의 역할을 강조하는 명사들이 나온다. 송대의 범중엄은 "선비란 천하 사람들이 걱정하기 전에 미리 걱정하여 대비하고, 천하 사람들이 다 즐기고 난 다음에 즐기는 사람"이라고 했다. 노중련 역시 선비의 역할을 몸소 실천한 명사 가운데 하나다.

이러한 '사'의 역할은 오늘날의 정치가들이 심사숙고해야 하는 가치이기도 하다. 정치가는 국가의 장래를 생각하여 이에 대처하는 기획을 세우고, 온 국민이 편안할 수 있도록 온갖 조치를 다하는 '선공후사(先公後私)'의 역할을 해야 하는 직업이다. 따라서 정치가라면 스스로 선비의 정치를 하고 있는지, 아니면 장사꾼의 정치를 하고 있는 '정상배(政商輩)'는 아닌지 냉정하게 자문해 볼 필요가 있다.

태산은 흙 한 톨도 버리지 않는다

太山不讓土壤 故能成其大
태산불양토양 고능성기대

河海不澤細流 故能就其深
하해불택세류 고능취기심

《자치통감》 권6

태산은 흙을 물리치지 않아 이로써 크게 될 수 있었으며, 황하와 바다는 가느다란 시냇물을 가리지 않은 고로 깊게 될 수 있었다.

전국시대의 열국을 멸망시키고 천하통일을 이룬 진나라의 시황제 10년에 있었던 이야기다. 진나라는 한나라, 위나라, 초나라, 연나라, 조나라, 제나라를 차례로 멸망시키고 중국을 최초로 통일했다.

 진나라에 멸망한 6개국은 제각각 700~800년 동안 독립된 나라로 존재했었다. 이들을 통일하여 제국으로서의 진나라가 세워졌으니 당연히 6개국 출신의 사람들이 진나라의 벼슬을 하게 되는 경우가 늘어났다. 진나라 종실의 대신들은 이 일에 대해 불만을 가졌다.

 "제후의 신하였던 사람들이 진나라의 벼슬을 하는 것은 불가하니, 이들을 모두 내쫓아야 합니다. 이들은 모두 각자의 임금을 위해 일하며, 사람들을 이간시킬 뿐입니다."

 그리고는 수색을 강화하여 원래 진나라 사람이 아닌 자들을 내쫓았다. 그 중에는 초나라 사람인 이사가 있었는데, 그는 쫓기는 와중에 황제에게 편지를 올려 말했다.

 "옛날에 목공은 선비를 구하는데 서쪽으로는 융주에서 유여를 얻었으며, 동쪽으로는 완에서 백리해를 얻었습니다. 또한 송에서 건숙을 영접하였으며, 진에서 비표와 공손지를 찾아내어 20개의 나라를 합병하고 서융에서 패권을 누렸습니다.

 효공은 상앙의 법으로 제후들을 가까이하여 복종을 받아냈으며, 오늘에 이르기까지 이들을 잘 다스려 강해졌습니다. 혜왕은 장의의 계책을 써서 6국의 합종책을 흩어버렸고 이들로 하여금 진을 섬기게 했으며, 소왕은 범수를 얻어 공실을 강화하고 사적 문벌을 막았습니다. 이네 주군은 모두 객의 공로로 뜻을 이룬 것입니다.

평천하(平天下) 편

그런데 어찌하여 객이 진나라에 손해가 된다는 말입니까? 무릇 여색이나 음악, 구슬, 옥 같은 것은 진에서 산출되지 않을지라도 왕께서 쓰고 입고 즐기는 것이 많습니다. 그러나 사람을 뽑아 쓰는 것은 그렇지 않으니 옳고 그른 것을 묻지 않고, 굽고 곧은 것을 막론하여 진나라 사람이 아닌 사람은 보내고 객이 된 자는 쫓아버립니다. 이는 여색이나 음악, 구슬, 옥은 중히 여기면서 사람은 가볍게 여기는 것입니다.

신이 듣기로 태산은 흙을 물리치지 않으니 이로써 크게 될 수 있었고, 황하와 바다는 가느다란 시냇물이라도 가리지 않아 그처럼 깊게 될 수 있었으며, 왕이 된 사람은 많은 사람들을 물리치지 않으니 이것으로 덕을 밝힐 수 있었다 합니다. 이것이 삼황과 오제에게 적이 없는 이유입니다.

아무런 벼슬을 하지 않는 일반 백성들을 포기하는 것은 적국에 도움을 주는 것인데, 빈객을 물리쳐 제후들의 업적을 쌓게 하니 이는 도적에게 무기를 빌려주는 것이고, 도적에게 양식을 빌려주는 일입니다."

시황제는 이사를 불러 관직을 회복시켜 주고 다른 나라 사람들을 쫓아내는 축객의 명령을 철폐했다.

역사를 찾아보면 민족의 순수성을 강조하는 예가 많다. 순혈주의를 주장하고, 단일민족을 강조하며, 선민의식을 내세워 이것을 애국심으로 둔갑시키고 다른 사람을 타도하자는 목소리를 높인다. 이러한 주장은 마치 천하통일을 달성한 진나라의 종실들의 시각과 같은 것이다. 이에 대해 이사는 순수하지 않다는 이유로 물리치는 것은 내 것을 적에게 주는 것과 같다고 말했다.

국가든 사람이든 각자의 크기가 있다. 큰 국가는 많은 것을 포용하는 나라이고, 큰 인물은 많은 사람을 품는 사람이라 할 것이다. 이처럼 많은 사람을 품다 보면 원래의 정체성이나 순수성을 잃는 것 같은 생각을 갖게 된다. 내 것이 아니었던 다른 잡스러운 것들이 끼어드는 것 같기 때문이다.

큰 것을 채우기 위해 여러 가지가 섞이다 보면 순수성에 문제가 생기는 것은 분명하다. 하지만 원래 순수한 것이 무엇이 있겠는가? 많은 것들이 함께 뒤섞여 조화를 이루며 변화를 이루는 것이 세상의 이치다.

그런데도 순수성을 고집하며 다른 것을 배척하다 보면 남는 것은 사소한 것 뿐이다. 남은 것이 적으면 당연히 힘이 줄어들게 된다.

순수성을 유지할 것인가, 아니면 하해와 같은 마음으로 모든 것을 다 포용할 것인가의 문제는 쉽지 않은 결정이다. 분명한 것은 포용력이 큰 나라가 크고 부강하다는 것이다.

산에 맹수가 있어야
나물이 살아남는다

臣聞山有猛獸 藜藿爲之不采
신문산유맹수 여곽위지불채

國有忠臣 奸邪爲之不起
국유충신 간사위지불기

《자치통감》권26

신이 듣건대, '산에는 맹수가 있기에 보잘것없는 나물이 채취되지 않으며, 나라에도 충신이 있어 간사한 것이 일어나지 못한다.'고 합니다.

전한의 선제는 선정을 베푼 군주로 널리 알려져 있지만, 집권 말기에는 해이해져 정사를 제대로 돌보지 않았다. 그는 궁중의 일을 맡아보는 환관 중서관들에게 형법을 관장하게 하는 적절치 못한 조치를 했다.

　형벌을 다루는 것은 진중하게 처리해야 하는 일이며, 만약 이 일이 잘못되었을 때는 그에 대한 책임도 져야 한다. 그래야 형의 집행이 공정하게 이루어질 수 있다.

　그런데 황제와 항상 함께하는 환관에게 이 일을 맡겼으니, 신하들은 그들이 일을 잘못 처리하더라도 감히 문제 삼기가 어려웠다.

　이에 강직하고 공정하며 청렴한 사예교위 개관요가 선제에게 편지를 올려 아뢰었다.

　"바야흐로 성스러운 도가 스며드는 것은 미미하고 유가학술이 이행되지 않아, 거세라는 형벌을 받은 환관이 법을 집행하며 주공과 소공이 되고, 법률은 《시경》과 《서경》이 되어가고 있습니다.

　오제는 천하를 관부로 삼았고, 삼왕은 천하를 집으로 생각했습니다. 집으로 생각한 사람은 천하를 자손에게 전해주었고, 관청으로 생각한 사람은 천하를 현명한 성인에게 주었습니다."

　그러나 개관요의 편지를 읽은 선제는 그가 자신을 원망하고 비방한 것이라 생각하고, 그 편지를 중이천석 관리에게 보냈다. 그러자 집금오가 말했다.

　"개관요는 선양을 요구하는 것이니, 대역부도합니다."

　간대부 정창은 충성스럽고 정직한 개관요가 나라를 걱정했으나 표현이 적절하지 못한 것이라고 생각했다. 정창은 편지를 올려 개관요가 억울한 지경에 놓였음을 호소했다.

"신이 듣건대 산에는 맹수가 있어 산나물을 채취하지 못하며, 나라에는 충신이 있어 간신이 일어나지 못합니다. 사예교위 개관요는 거처하면서 편안한 곳을 찾지 않고, 먹으면서 배부르기를 구하지 않습니다.

그는 나라를 걱정하는 마음으로 절개를 지키며 죽을 의로움을 지녔는데, 위로는 처가나 외가의 무리도 없고, 아래로는 의탁할 후손도 없습니다.

그럼에도 불구하고 직책 살피는 일을 관장하며 곧은길로 나아가니, 원수는 많고 더불어 하는 사람은 적습니다. 그가 서신을 올려 나라의 일을 걱정했는데, 유사들은 목을 베는 형벌로 탄핵했습니다. 신은 간하는 직책을 가지고 있으므로 감히 말씀드리지 않을 수 없습니다."

그러나 선제는 듣지 않았다. 선제가 개관요를 형리에게 보내자 그는 차고 다니던 칼을 꺼내어 스스로 목을 찔러 자결했는데 많은 사람 가운데 그를 연민하지 않는 사람이 없었다.

중요한 이익이 있는 곳은 언제나 사람들의 관심의 대상이 된다. 그래서 이러한 곳은 특별히 관리하지 않으면 안 된다. 집에 보물이 있다면 금고 속에 넣어 두고 다른 사람이 가져 갈 수 없도록 한다.

나라를 다스리는 사람에게 가장 귀중한 보물은 말할 것도 없이 백성이다. 백성이 바로 나라를 지탱하는 힘의 원천이기 때문이다. 그래서 백성이 지지하지 않는다면 나라나 정권은 무너질 수밖에 없는 것이다.

하지만 겉으로 보기에 백성들은 아무런 힘도 없는 듯하여 탐관오리들은 갖가지 명목으로 백성들을 수탈한다. 개인으로서의 백성은 힘이 없는 탓에 힘 있는 사람이 수탈하면 아무 소리 못 하고 빼앗긴다. 누구나 와서 뜯어가는 산나물 신세가 되는 것이다.

이렇게 계속 수탈을 당하면 백성들은 살 길을 찾아 마을을 떠나게 된다. 사람으로 북적이던 마을은 황폐해지고, 나라에는 백성이 사라지게 되니 산나물이 사라진 민둥산이 되고 마는 것이다.

그러나 통치자나, 그 통치자를 보좌하는 간관이 사나운 호랑이처럼 두 눈을 부릅뜨고 사방을 경계하여 살피면 그 어느 누구도 감히 백성들을 수탈할 수 없다. 호랑이가 있는 언덕으로 누가 감히 나물을 뜯으러 갈 수 있겠는가.

개관요는 호랑이 같은 간관이었는데, 선제는 이를 알아보지 못했다.

사람은 속일 수 있어도
하늘은 속일 수 없다

邪說雖安於人　天氣必變
사 설 수 안 어 인　천 기 필 변

故人可欺　天不可欺也
고 인 가 기　천 불 가 기 야

《자치통감》 권29

삐뚤어진 말은 비록 사람에게 편안하게 들릴지 모르나, 천기는 반드시 변한다. 그러므로 다른 사람은 속일 수는 있으나 하늘은 속일 수 없다.

전한시대 원제 때 경방이라는 사람이 있었다. 경방은 양나라 사람 초연수에게서 《주역》을 배웠는데, 초연수는 늘 말했다.

"나의 도를 배워서 몸을 망칠 사람은 바로 경방이다."

경방은 재난과 변고를 맞추는 점술에 능했다. 그는 여러 차례 재난과 변고가 있을 것을 상소하여 원제의 관심을 샀다.

경방이 원제에게 아뢰었다.

"옛날의 제왕들은 공로를 가지고 똑똑한 사람을 천거하니, 만 가지가 다 성취되고 상서러운 것이 호응하여 드러났습니다. 그러나 말세에는 비방을 받는지 칭찬을 받는지 판가름하여 사람을 채용하게 되는데, 이로써 공로와 업적은 폐지되고 재난과 변고가 나타나게 됩니다.

하오니 백관으로 하여금 공로를 시험하게 한다면 재난과 변고는 멈출 것입니다."

원제가 경방으로 하여금 그 일을 담당케 했다.

이때 한나라에서는 중서령 석현이 권력을 장악하고, 그의 친구인 오록충종이 상서령을 맡아 권세를 부리고 있었다. 경방은 석현을 총애하는 원제에게 나라를 어지럽히는 석현을 내치라 간언했으나 원제는 이 말을 듣지 않았다.

석현과 오록충종은 경방을 질시하여 그를 멀리 보내 버릴 궁리를 하고 원제에게 건의했다.

"마땅히 경방을 군수로 삼아 시험해 보십시오."

원제가 경방을 위군태수로 임명하자 경방은 편지를 올려 아뢰었다.

"신이 나온 다음에는 신의 하는 일이 가려지고 몸은 죽게 되며 공로는 이루어지지 못할까 두렵습니다. 바라건대 수레를 타고 올라와 일을 상주하고자 하오니 허락하여 주십시오."

이는 원제가 이미 허락한 일이었다. 하지만 원제는 경방이 출발하기도 전에 조서를 내려 수레를 타고 와서 일을 상주하는 것을 중지하고 없던 일로 해 버렸다.

경방은 두려운 마음을 안고 부임지로 향하면서 계속 원제에게 편지를 올렸다. 그의 편지에는 여러 가지 예언이 들어 있었다.

"신은 떠나서 점점 더 멀리 가는데, 태양의 빛을 침범하는 것은 더욱 심해집니다. 바라옵건대 폐하께서는 신을 돌아가게 하는 것을 어려워하고, 하늘의 뜻을 가벼이 거역하지 마십시오.

사악한 말은 편안하게 들릴지 모르나 천기는 반드시 변합니다. 그러므로 사람은 속일 수 있으나 하늘은 속일 수 없는 것입니다. 바라건대 폐하께서는 신을 살펴주소서."

경방이 떠난 지 한 달이 조금 지났을 무렵, 원제는 경방을 불러 하옥시켰다.

애초에 회양왕의 장인이자 경방의 장인이기도 한 장박은 행실이 좋지 못한 사람이었다. 그는 사위인 경방이 가져 온 정보를 가지고 또 다른 사위인 회양왕에게 가서 자기가 회양왕을 위해 황제에게 좋은 건의를 하는 것처럼 말하면서 회양왕에게서 이익을 취하려고 했다.

장박은 경방에게 와서 공부를 하면서 그의 딸을 경방에게 시집보냈으니, 자주 만나게 되었다. 경방은 매번 황제와 만나고 온 이야기를 장박에게 해 주었다. 장박은 경방이 말한 비밀스러운 이야기를 기억해 두었다가 경방으로 하여금 회양왕의 입조를 청하는 문서의 초안을 만들게 했다. 그리고 이것을 가지고 가서 회양왕에게 보여 주어 믿음의 증거로 삼았다. 이러한 일은 분명히 경방에게 문제가 되는 부분이었고, 경방의 정적인 석현에게는 좋은 공격거리가 되었다.

이 사실을 알게 된 석현이 황제에게 고발했다.

"경방이 장박과 더불어 왕래하고 모의하여 정치를 비방하고, 천자에게 악한 일을 돌리며, 제후왕을 속이고 있습니다."

결국 이 일에 관련된 사람이 모두 하옥되어 저자에서 참수를 당했고, 그들의 처자는 모두 변방으로 귀양을 떠났다.

옛날 사람들은 하늘의 뜻이 천기로 나타난다고 믿었다. 인생사를 통달한 사람이 어리석은 사람을 설득할 때는 하늘의 뜻을 말하며 바로잡으려 했다. 경방이 바로 그런 사람이다.

경방은 부임지로 떠나는 도중에 천기를 보며 여러 가지 예언을 했다. 원제는 이러한 예언을 모두 무시했으나, 경방의 예언은 모두 맞아떨어졌다. 석현의 발호는 도를 넘었고, 그로 인하여 한나라 왕조는 걷잡을 수 없이 기울어진 것이다.

그러나 예언한 경방 또한 스스로 화를 피하지 못했으니 그 주변을 잘 정리하지 못한 허물 때문이 아닐까?

스스로 잘못을 끊어야 하늘도 천벌을 끊는다

王者必先自絶　然後天絶之
왕 자 필 선 자 절　연 후 천 절 지

《자치통감》권31

제왕이 반드시 먼저 스스로 끊어야 그 다음에 하늘에서 끊습니다.

전한은 성제 이후로 점점 기울기 시작했다. 여색을 좋아하던 성제는 미행 중에 양아 공주의 집을 지나다가 노래하고 무용하는 직업을 가진 조비연을 만나 홀딱 반했다.

성제는 조비연 자매를 궁궐로 불러들어 첩여를 삼고 총애했다. 조비연은 허 황후와 반 첩여를 모함하여 황제에게 참소했다. 결국 허 황후는 폐출되었으며, 황후의 언니인 허알은 주살되었다.

한나라의 정사는 외척인 왕봉이 전적으로 맡아서 권력을 휘두르고 있었고, 지방 호족들은 많은 토지를 겸병하고 소금·철 전매의 이익을 독점했다. 그 결과 백성들은 도탄에 빠져 떠돌아다녔으며, 거리에는 굶어죽는 사람이 셀 수 없을 정도였다. 참지 못한 농민들은 반란을 일으키기도 했다.

이러한 상태가 지속되자 성제는 양주 자사 곡영에게 하고 싶은 말을 물었다. 곡영이 대답했다.

"신이 듣건대, 천하에서 왕 노릇하며 국기를 소유하고 있는 사람들은 위험하고 망할 일이 있더라도 위에 보고하지 않습니다. 만약 위태롭고 망할 것이라는 말이 위에 있는 사람에게 들렸다면 상나라와 주나라가 성을 바꾸는 일은 일어나지는 않았을 것입니다.

하나라와 상나라가 망할 즈음에는 길 가던 사람도 모두 이를 알아차렸습니다. 그런데 임금만 편안하게 스스로 하늘에 있는 해와 같이 위태로워질 수 없다고 생각했으니, 악한 일은 날로 넓어지는 데도 알지 못하고 천명이 기울어져도 깨닫지 못했습니다.

《역경》에서 말하기를 "위험은 안전한 것도 갖고 있고, 망하는 것은 살아날 것도 갖고 있다."고 하였습니다.

신이 듣건대 삼대에 사직이 없어지고 종묘가 헐리게 된 까닭은 모두 부인과 많은 악한 사람들이 술에 잔뜩 취한 데서 비롯되었으며, 진나라의 두 세대가 16년 만에 망한 것은 사치와 후한 장례 때문인데, 폐하께서는 두 가지를 모두 겸해서 갖고 계십니다.

제왕된 사람은 이런 일을 반드시 먼저 스스로 끊어버려야 합니다. 그래야만 하늘에서도 이를 끊습니다. 폐하께서는 지금 만인의 위에 자리한 지극히 귀한 자리를 버리고, 집안의 사람들이 하는 천한 일을 즐기고 계십니다. 또한 높고 아름다운 호칭을 싫어하시고 필부의 낮은 글자를 좋아하십니다. 의로움을 모르는 가벼운 소인배들과 서로 쫓아다니며 술에 취하고 배불리 먹으며, 옷을 어지럽게 입고 함께 앉아 농담하고 유희하며 아무런 구별도 없이 부지런히 즐기고 계시니, 숙위를 받드는 신하는 무기를 들고 텅 빈 궁궐을 지키고, 공경과 관료들은 폐하가 계신 곳을 모르고 있는지가 수년이 되었습니다.

지금 폐하께서는 백성들의 재물을 가볍게 빼앗고, 백성들의 힘을 아끼지 않으며, 사악한 신하의 계책을 들어 드넓은 초릉을 버리고 창릉을 고쳐 만들면서 노역은 건계궁의 백 배이고 비용은 여산을 만드는 것과 비슷하여 천하를 피폐하게 만들었습니다. 결국 창릉은 5년이 되어도 완성하지 못하고, 초릉으로 돌아갔습니다.

한나라가 일어나서 9세대 190여 년 동안 몸을 이어받은 군주는 7명이었는데, 모두 하늘의 뜻을 잇고 도리에 순응했으며 선조의 법을 존중하여 나라를 중흥하고 편안하게 잘 다스렸습니다.

그러나 폐하는 도리를 어기고 방종하여 몸을 가벼이 움직이고 망령

된 행동을 하시니 왕성한 연령이시면서도 후사를 이을 복을 받지 못하고, 군주의 도리를 잃은 것이 쌓여서 하늘의 뜻에 맞지 않은 것이 많습니다.

지금의 사직과 종묘의 화와 복, 안위의 기틀은 폐하에게 달려 있습니다. 폐하께서는 진실한 눈으로 멀리 보아 깨달으시고 마음을 굳게 하십시오. 과거의 잘못을 고치고 새로운 덕을 빛내면 재난과 변고를 없애고, 천명이 떠나는 것을 막으며, 사직과 종묘도 보존할 수 있습니다. 하오니 정신을 차리시고 돌이켜 신의 말을 살펴보십시오."

곡영의 편지를 본 성제가 크게 화를 내자 위장군 왕상은 곡영에게 몰래 연락하여 도망치게 했다.

성제는 시어사에게 곡영을 잡아들이라는 칙령을 내리며, 다만 그가 교도구를 지났으면 뒤쫓지 말라고 했다. 시어사가 곡영을 따라잡지 못하고 돌아오자, 성제는 화를 풀며 스스로 후회했다.

사람들은 대부분 성공하고 싶어 한다. 또 성공한 사람은 그가 이룩한 것을 잃고 싶어 하지 않는다. 당연한 일이다.

제왕은 일단 성공한 사람이다. 제왕이 되면 온 세상을 가질 수 있다. 그것이 물려받은 것이든 자기가 이룩한 것이든 간에 말이다.

그런데 문제는 여기서부터 시작이다. 성공한 사람은 가진 것을 유지하기가 쉽지 않다. 우리 주변에 화려하게 등장했던 성공 사례의 주인공들 중에는 말년에 나락으로 떨어져 고통스럽게 사는 사람들이 있다. 주어진 것을 제대로 관리하지 못했기 때문이다.

성제 역시 그러했다. 황제가 되어 천하를 선물로 받았으나, 이를 경영하고 유지하는 책임은 잃어버린 채 여색에 빠져 사치스럽고 방만한 생활을 했으니, 하늘이 통탄하여 벌을 내릴 일이었다.

어디 성제뿐이겠는가? 주어진 것을 제대로 관리하지 못하여 스스로 나락에 빠져들고서는 이를 운명의 탓으로 돌리며 하늘을 원망하는 사람들이 많다. 하지만 가만히 돌이켜 생각해 보라. 스스로 그렇게 되도록 만들어 놓은 것을 받는 것뿐이다.

그러니 주변을 탓하고, 사회를 탓하고, 나라를 탓하고, 운명을 탓하며 하늘을 원망하는 일은 그리 옳은 태도가 아니다. 나에게 일어나는 모든 일의 원인과 이유를 나 자신에게서 찾아보면, 내가 잘 해야 이웃을 돕고, 사회를 안정시키고, 국가를 발전시킬 수 있다는 결론이 나온다.

"스스로 끊어야 하늘이 끊는다."

이 말은 '스스로 도와야 하늘이 돕는다.'는 말과 상통한다.

길흉은 사람에게 달려 있지 땅에 달려 있지 않다

吉凶在人 不在於地
길 흉 재 인 부 재 어 지

《자치통감》 권179

길흉은 사람에게 있는 것이지 땅에 있지 않다.

수나라 문제의 독고 황후가 죽었을 때의 이야기다. 황후가 죽자 태자는 황상과 궁인을 마주보고 애통하여 숨이 막힐 정도로 슬퍼했다.
　하지만 자기 거처로 돌아가서는 방에 들어가 먹고 마시고 말하고 웃는 것이 평상시와 같았다. 또한 아침마다 두 움큼의 쌀을 바치도록 하고, 몰래 살찐 짐승의 고기와 포육, 젓갈을 얻어서 대나무 통 안에 넣고 밀랍으로 입구를 봉해 옷과 두건 안에 넣어 두었다.
　저작랑 왕소가 문제에게 아뢰었다.
　"부처님이 말씀하셨습니다. '사람이 응당 천상에서 태어나고 무량수국에서 태어나게 될 때면 천상의 부처가 밝은 빛을 크게 비추면서 향기 나는 꽃과 기악을 가지고 와서 맞이한다.'
　신이 엎드려 생각하건대 대행황후께서 복을 짓고 선을 행하신 상서로운 징조는 모두 예언서에 갖추어져 있는데, 모두 이를 묘선보살이라 했습니다.
　신이 삼가 살피건대 인수궁 안에 금은화가 비처럼 내렸고, 대보전 뒤편에서는 밤에 신비한 빛이 있었으며, 영안궁 북쪽에서는 모든 종류의 음악이 저절로 생겨 허공을 흔들고 채웠습니다. 그리고 나서 황후께서는 잠자듯 누워 계시다가 승하하셨으니, 이는 경문에서 말하는 것과 일어난 일이 모두 일치합니다."
　이 말을 들은 문제는 슬프기도 하고 기쁘기도 했다. 문제는 양소와 소위에게 조서를 내려 오례를 수정하게 하고, 상의동삼사 소길로 하여금 황후를 위해 장사 지낼 곳을 택하게 했다.
　소길은 길한 곳을 찾았다며 황제에게 아뢰었다.

"점복으로 나타난 햇수는 2천 년이고 세대는 200세대입니다."

그러나 문제는 이렇게 말했다.

"길흉은 사람에게 달려 있는 것이지, 땅에 달려 있지 않다. 북제 황제 고위가 그 아버지를 장사지내면서 어찌 점을 치지 않았겠는가. 하지만 얼마 되지 않아 북제가 망했다.

만약 우리 집안의 묘지가 불길한 땅이라고 한다면 나는 응당 천자가 되지 않았어야 할 것이다. 또한 우리 집안의 묘지가 흥하지 않은 땅이라고 한다면 어찌 내 동생이 전쟁에 나아가 전사했겠는가."

이렇게 말하면서도 문제는 소길의 말을 따랐다.

소길이 물러나 친족인 소평중에게 말했다.

"황태자가 우문좌솔을 파견하여 내게 깊이 사과하여 말하기를, '공이 예전에 내가 태자가 되어야 한다고 말했는데 결국 그것이 맞았으니 내가 잊지 않겠다. 지금 산릉을 점쳐서 나로 하여금 빨리 세워지도록 힘쓰라. 내가 세워진 후에는 응당 부귀로 답하겠다.'고 했다. 나는 그에게 '4년 후 태자는 천하에 군림하십니다.'고 말했다.

만약 태자가 정치를 하게 되면 수나라는 망한다. 내가 '점복으로 나타난 햇수는 2천'이라고 말한 것은 거짓말이다. 사실은 30이라는 글자가 나타났다. 또한 '점복으로 나타난 세대는 200'이라고 한 것은 세대가 두 번 전해진다고 나타난 것을 거짓으로 말한 것이다. 너는 그것을 알아 두어라."

문제는 소길이 고른 땅에 태릉을 짓고 독고 황후를 장사지냈다.

수나라는 문제 양견이 400년 동안 분열되어 있던 남북조를 통일하고 만든 나라다. 그러므로 소길이 문제에게 한 말은 가장 듣기 좋은 말이었을 것이다. 하나의 왕조가 기껏해야 200~300년 유지되는데, 2000년을 간다는 것은 수나라가 영원히 망하지 않을 것이라는 말과 비슷하다.

문제는 이러한 소길의 말을 논리적으로 반박하면서도 소길이 찾은 땅에 황후를 장사지냈다. 생각은 생각대로, 마음은 마음대로 각각 제 갈 길을 간 것이다.

그런데 이 이야기에는 중요한 반전이 있다. 소길은 자신의 친척인 소평중에게 '황태자 양광이 자기가 빨리 황위에 오를 수 있는 산릉을 작업해달라고 부탁했고, 소길은 황태자가 원하는 것에 맞추어 장지를 정했다.'는 사실을 고백한다.

즉 소길이 정한 장지는 수나라의 미래를 위한 곳이 아니라 황태자의 즉위를 위한 곳이라는 말이다. 그리고 황제에게는 수나라가 지속될 30년을 2000년으로, 전해지는 황위 2세대를 200세대로 뻥튀기하여 거짓으로 아뢰었다. 이 사실을 알 리 없는 문제는 수나라의 영원을 기원하며 그 땅에 황태후를 묻었다.

실제로 수나라를 창건한 문제는 독고 황후가 죽은 지 2년 만에 죽었다. 또한 4년 뒤에 황위에 오를 것이라 했던 태자는 시간을 절반 앞당겨 2년 만에 즉위했고, 수나라는 독고 황후를 장사지낸 지 15년 만에 멸망했다.

그렇다면 문제가 왕조의 운명이 땅에 달려 있지 않다고 한 말은 맞는 것인가, 틀린 것인가? 다만 논리적으로는 맞는다.

> 평천하
> 平天下

질박함과 화려함은
가르침에 따라 변한다

世之質文 隨敎而變
세 지 질 문 수 교 이 변

《자치통감》권71

세상의 소박함과 화려함은 가르침에 따라 변한다.

삼국시대 위나라의 2대 황제인 명제 때는 사총과 팔달, 삼예가 있었다. 사총은 '네 명의 총명한 인재'라는 뜻이고, 팔달은 '여덟 명의 통달한 인재'라는 뜻이며, 삼예는 '가치를 평가하는 일에 참여하는 세 사람'이라는 뜻이다. 이들은 서로 친하게 지내며 당을 만들고, 글을 써서 서로를 찬양했다.

　당시는 위나라와 촉한, 오나라가 삼각구도를 이루고 대치하는 시기였지만, 전쟁은 중지되어 있던 시대였다. 조조와 유비가 죽은 후 위나라에서는 조조의 손자인 조예가 황제에 올랐고, 촉한에서는 유비의 아들 유선이 그 뒤를 이은 상태였는데, 이로써 삼국은 서로 대치국면을 유지하고 있었으나 전쟁은 하지 않았으므로 평화가 유지되었다.

　이러한 시대적 배경 아래 사총과 팔달, 삼예 등이 두드러지면서 바람직하지 못한 분위기가 형성되었다. 여기에 소속된 이들은 아버지의 지위나 세력을 등에 업고 방만한 생활을 하면서 사회의 풍속을 무너뜨렸다. 이에 행사도사 동소가 상소를 올렸다.

　"무릇 천하를 소유한 사람은 돈독하고 박실하며 충성과 믿음이 있는 사람을 귀하게 여기고 숭상하며, 텅 빈 채로 거짓을 일삼으며 진실하지 않은 사람을 매우 싫어합니다. 이러한 것들은 가르침을 무너뜨리고 교화에 상처를 입히기 때문입니다.

　엎드려 생각하건대 폐하께서는 조서를 통하여 들뜨고 거짓된 것을 깊이 질책하시고 붕당을 깨뜨리고자 절치부심하셨습니다. 그러나 법률을 장악하는 관리들은 위나라의 풍속을 무너뜨리는 자들의 권세를 두려워하여 이들을 잡아내지 못합니다. 그런 까닭에 풍속을 훼손하는 일이 극심합니다.

오늘날 나이 어린 자들은 학문을 근본으로 삼지 않고 오직 서로 교제하는 것만을 업으로 삼고 있습니다. 나라의 선비라 하는 자들도 효제와 수양을 으뜸으로 삼지 않고 세력과 이권을 쫓아다니기에 바쁩니다.

이처럼 서로 합쳐 무리짓고 연이어 떼를 만들어 서로 칭찬하고 찬탄하며, 비난이나 헐뜯는 것은 처벌이나 죽는 것으로 여기고, 무리의 칭찬을 작위나 상장으로 생각하며, 자기들에게 붙는 자에게는 찬양의 말을 채워주고, 붙지 않는 자에게는 흠집과 틈새를 만들어 냅니다.

그리고 서로 이르기를, '오늘날 세상이 어찌 잘 돌아가지 못하는지 왜 걱정하는가? 단지 사람을 찾는 길이 많지 않고, 무리가 넓지 않은 것이 걱정이로다. 사람들은 어찌하여 자기를 몰라줄까 걱정하는가? 다만 약으로 그들을 삼키기만 하면 유순하고 순조롭게 된다네.'라고 합니다.

어떤 이는 노비나 빈객을 명의상 직책을 가진 자의 사람으로 만들어서 출입하게 하고, 금지된 궁궐을 왕래하면서 서신과 상소문을 전달하며 탐문하고 있습니다.

이러한 일들은 모두 법률에서는 용납하지 않는 일이며, 이들에게 형벌을 내려 사면하지 못하게 되어 있으니, 위풍이나 조위가 저지른 죄일지라도 이보다 더함이 없었습니다."

명제는 동소의 말이 훌륭하다고 칭찬하고, 조서를 내려 말했다.

"세상의 질박함과 화려함은 가르침에 따라 변하는 것이다. 병란이 있은 후 경학이 폐지되거나 끊겨서 후생들이 나아가는 것이 전모로 말미암지 않는다. 어찌 그들을 훈도하는 것이 합당하지 않으며, 장차 나아가 등용시키려는 자를 사람의 품덕으로 드러내지 아니하는가?

상서랑은 한 가지 경전을 배워 회통하고 백성들을 다스릴 만한 재능이 있는 자에게 맡길 것이므로 박사 시험을 거쳐 성적이 우수한 사람을 발탁하여 빨리 등용하라. 그들 가운데 들떠서 정도를 실천하는데 힘쓰지 않는 자는 파면하여 물리칠지어다."

이에 제갈탄과 등양 등이 관직에서 면직되었다.

한 시대에는 그 시대만이 갖는 독특한 기풍이 있는데, 좋은 기품이 자리를 잡으면 사회가 안정되지만 좋지 않은 기풍이 횡행하면 사회 전반에 심각한 부작용이 나타나게 된다.

그런데 이런 기풍은 어떻게 만들어지는 것일까? 역사가들은 은나라의 기풍은 질박하고, 주나라의 기풍은 화려했다고 평가하는데, 이것은 두 시대의 교육 차이에서 나온 것이다.

한 시대의 사회적 분위기를 바꾸고자 한다면 무엇보다도 먼저 교육부터 바꿔야 한다. 그래서 국가의 교육 정책이 중요하고, 교육자의 책임은 크고 무겁다.

평천하
平天下

도리를 잃으면 강한 것도 약해진다

天下自有强弱 苟爲失道 雖强易弱
천하자유강약 구위실도 수강역약

正患事主難得耳
정환사주난득이

《자치통감》 권113

천하에는 스스로 강한 것도 있고 약한 것도 있는데, 진실로 도리를 잃게 되면 비록 강한 것이라도 약한 것으로 바뀌니, 진정으로 근심스러운 일은 제대로 주관할 사람을 얻기 어려운 것뿐입니다.

동진 안제 시절에 권력을 잡은 환현이 안제로부터 선양을 받고 황제의 자리에 올랐다. 명색이야 선양을 받은 것이지만 실제로는 동진을 찬탈한 것이었는데, 역사에서는 이를 환초라고 부른다. 환현은 동진의 명장인 환온의 아들로, 당시 동진에는 환씨의 무력을 당할 세력이 없었다고 할 수 있다.

    그리하여 많은 사람들이 새로 개창한 환현의 환초 조정에 나아가 알현하는 일이 벌어졌다. 무장 유유도 환현을 찾아 인사를 해야 했다. 유유는 서·연이주 자사인 안성왕 환수를 따라 들어가서 환현을 조현했다.

    유유는 풍채와 골격이 보통 사람과 같지 않아서 한눈에 보기에도 인걸로 보였다. 이를 본 황후 유씨가 말했다.

    "유유는 용처럼 다니고 호랑이같이 걷는데 사람을 쳐다보는 것이 평범하지 않으니, 아마 끝내 다른 사람 아래에는 있지 못할 것입니다. 그러니 일찍 그를 제거하십시오."

    그러나 환현은 유유를 이용하여 중원을 도모하고자 했기 때문에 오히려 그를 후대했다.

    이러한 일이 있고 나서 유유는 배를 타고 경구로 돌아오면서 하무기와 함께 진나라를 부흥시키는 방법을 모의했다. 하무기는 경구에 있는 유의와도 이 문제를 논의했는데, 환현은 제위를 찬탈했으니 그를 토벌하자는 데는 뜻이 맞았지만 강한 군대를 가진 환현을 상대로 싸울 힘이 없다는 것이 문제로 대두되었다.

    그리하여 하무기가 말했다.

    "환씨가 강성한데 도모할 수 있겠습니까?"

유의가 말했다.

"천하에는 스스로 강한 것도 있고 약한 것도 있는데, 진실로 도리를 잃게 되면 비록 강한 것이라도 약한 것으로 바뀌니, 진정으로 근심스러운 일은 제대로 주관할 사람을 얻기 어려운 것뿐입니다."

유의는 자기들이 모실 정말 훌륭한 지휘자를 만나게 되면 환현을 치는 일이 가능하다고 말하고 있다. 결국 이들은 유유를 지휘자로 모시고 군사를 일으키기로 했다.

환현은 황제의 자리를 찬탈할 만큼 강한 무력을 지녔지만 동진 황제의 자리를 찬탈한 부도덕한 인물이었다. 유유가 기병을 하자 환현은 강릉으로 달아났다가 다시 촉으로 도망치려 했지만 익주 자사에게 죽는다. 겨우 석 달 만에 끝난 허망한 꿈이었다.

군사력이란 무기와 병사의 수만 가지고 전력을 평가하지 않는다. 무기와 병사의 수는 외형적이지만 병사들의 마음속에 있는 충성심, 의지력이 무기와 숫자 못지않게 전력을 평가하는 중요한 요소이다. 그래서 병사들에게 싸워야 될 분명한 이유를 갖게 하는 것이 중요하다.

환현이 동진 조정에서 군사력을 갖은 후, 안제로부터 황제의 자리를 선양 받은 것은 보면 당시 그의 무력을 당할 세력이 없었던 듯하다. 그래서 후에 동진을 이어 남조의 송을 창건하는 유유조차도 일단 그에게 조현해야 했던 것이다.

그러나 환현은 사람들로부터 그가 선양 받을 만하다는 공감대를 얻지 못했다. 선양을 받으려면 당연히 무력이 있어야 하지만 그 위에 많은 사람들로부터의 공감을 이끌어 낼 수 있어야 한다. 현재의 왕조로서는 더 이상 희망이 없으니 새로운 왕조가 필요하다는 분위기와 공감대를 얻어야 하는 것이다.

겉으로 보기에 권력은 무력에서 나오는 것 같지만 그 무력을 뒷받침해 주는 것은 정당성이다. 정당성을 갖지 못한 무력은 강도와 같은 것이기 때문이다.

정당성이 없는 환현의 무력은 이를 부정한 것이었다. 동진을 부흥시키는 것이 정당하다는 논리를 등에 업은 유유는 환현을 깨뜨리고 사람들이 원하는 동진을 다시 세움으로써, 모든 사람의 마음을 통쾌하게 만들어 주었고, 그 때문에 유유는 인심을 얻었다.

유유는 이때 정말로 야심이 없었는지 모른다. 다만 유유는 동진을 다시 세운 업적을 유지하면서 군사력을 확보했고, 이 일이 있은 후 20년이 지난 후에는 유유 역시 동진으로부터 선양을 받고 송나라를 세웠다. 똑같이 동진으로부터 선양을 받았으나 환현은 실패하고 유유는 성공했는데, 무엇 때문이었을까? 도(道)을 잃지 않았기 때문이었다.

도(道)란 무엇일까? 명분이다. 요즘 말로 하면 정치력이다. 무력을 쓰더라도 모든 사람들이 그것이 정당한 것으로 받아들일 수 있다면 이는 명분이 있는 것이고, 정치력이 있는 것이다.

천하를 가지고자 할 때 무력만으로 되지 않는 이유가 이것이다. 유유는 사람들에게 동진으로는 더 이상 희망을 가질 수 없으니 새로운 왕조가 나타나야 한다는 분위기를 만들었고, 그 위에 선양을 받았기 때문에 성공한 것이다.

> 평천하
> 平天下

저 백성들이 편안하면
나의 백성들도 편안할 것이다

使彼民安　則吾民亦安矣　又何求焉
사 피 민 안　칙 오 민 역 안 의　우 하 구 언
《자치통감》권282

저 백성들로 하여금 편안해지게 한다면, 나의 백성들 역시 편안할 것인데, 또 무엇을 구하겠는가?

오대십국 후진시대의 이야기다. 당나라 시대에 안록산이 군사를 일으키고 황소가 당나라의 도읍인 장안을 침범한 이래 천하는 수십 년 동안 피나는 싸움을 진행했고, 그런 후에는 여러 나라가 각각 땅을 나누어 가졌다.

이때 남당을 세운 사람이 서지고다. 그는 오나라를 세운 양행밀의 부장이었던 서온에게 발탁되어 그의 양자가 되면서 서지고라는 이름을 쓰게 되었다.

그런데 남당을 세운 후 서지증을 비롯한 여러 신하들이 누차 표문을 올려 서지고에게 원래의 성인 이씨로 회복하고, 당의 종묘를 세울 것을 요청했다. 서지고가 이를 허락하자 신하들은 또 존호를 올리겠다고 요청했다.

"존호는 헛된 미명이며, 또 옛날 것이 아니오."

서지고가 존호를 받지 않으니, 이후부터는 자손들이 모두 그의 법을 계승하여 존호를 받지 않았다. 그는 외척으로 하여금 정사를 보좌하지 못하게 했다. 또 환관들이 정사에 참여할 수 없게 되니, 다른 모든 나라에 미치지 못하는 것이 없었다.

서지고는 태조의 묘호를 고쳐 의조로 올리고, 이씨 가문의 돌아가신 부모를 위해 황후와 더불어 여막에 살면서 상례를 지냈다. 그리고는 이름을 이변으로 고쳤다.

이변이 즉위한 후 매년 풍요롭게 곡식이 여물어 군사들의 양식에 여유가 생겼다. 그러자 여러 신하들이 다투어 말했다.

"폐하께서 중흥하셨고, 북방에 어려운 일이 많으니 군사를 보내어 옛날의 영토를 회복해야 합니다."

이변이 말했다.

"나는 어려서 군영에서 성장하여 전쟁이 백성에게 미치는 해가 크고 깊게 되는 것을 보았으니 차마 다시 말할 수 없다. 저 백성들을 편안하게 한다면 나의 백성들 역시 편안할 것인데 또 무엇을 구하겠는가?"

한주가 남당에 시신을 파견하여 함께 초를 쳐서 그 땅을 나누어 갖자고 모의했으나 이변은 이를 허락하지 않았다.

사람과 나라는 홀로 살 수 없다. 사람은 이웃과 함께 살아야 하고, 나라도 다른 나라와 더불어 살아가는 것이 피차에게 이익이기 때문이다. 이웃이 평화롭게 잘 살면 나도 평화롭게 잘 살 수 있다.

하지만 이처럼 평범한 진리를 평소에 일깨우며 살기란 쉽지 않다. 그래서 늘 이웃을 탐하고 공격하여 기회만 있으면 빼앗으려 든다. 사람 사이의 분쟁이나 국제간의 문제가 모두 그러하다.

사람들은 이를 방지하려고 법과 경찰과 군대를 만든다. 현대 국가는 경찰력으로 사회의 질서와 안전을 유지하고, UN이라는 기구를 만들어 국가 간의 분쟁을 해결하려 한다.

그러나 경찰력이 사회 혼란을 감당할 수 없는 시대이거나, 국가 간의 문제를 조정할 수 있는 효과적인 제도가 없는 시대에는 힘만 있으면 이웃을 넘보는 것이 일상적이었다.

그런 와중에 이웃 백성이 편안하면 우리 백성도 편안할 것이라고 말한 남당의 군주 이변은 서로가 서로를 살리는 생생의 정치를 하고 있다. 그래서인지 남당은 중원에 송나라가 건국된 이후에도 15년이나 더 왕조를 유지했다. 그 덕택에 중국의 전통문화가 유지될 수도 있었다. 서로서로 평화롭게 지내야 하는 이유가 바로 여기에 있는 것이다. 그러한 점에서 남당을 세운 이변이야 말로 천자의 도량을 가졌다 할 것이다.

이 도서의 국립중앙도서관 출판시도서목록(CIP)은 e-CIP홈페이지(http://www.nl.go.kr/ecip)에서 이용하실 수 있습니다. (CIP제어번호: CIP2016003605)

[자치통감 명언집]

촌철활인, 성공으로 가는 딱 한마디

2016년 2월 18일 초판 1쇄 찍음
2016년 2월 24일 초판 1쇄 펴냄

지은이 권중달
펴낸이 성설새
만든이 권희선 문미라 강선영
디자인 정은정
펴낸곳 도서출판 삼화
　　　　주소　서울 관악구 남현1길 10, 2층
　　　　홈페이지　www.samhwabook.com
　　　　전화　　02)874-8830　　팩스 02)888-8899
　　　　등록　　제320-2006-50호

ⓒ 도서출판 삼화, 2016, Printed in Seoul Korea
ISBN 979-11-5826-043-9 (13810)

● 값은 뒤표지에 있습니다.
● 파본은 구입하신 서점에서 바꿔드립니다.